JN208446

Exploring Multicultural Experiences

チャレンジ！
多文化体験ワークブック
●国際理解と多文化共生のために

村田晶子・中山京子・藤原孝章・森茂岳雄 編
Akiko Murata, Kyoko Nakayama, Takaaki Fujiwara, Takeo Morimo

ナカニシヤ出版

は じ め に

◆学生のみなさんへ

　社会や経済のグローバル化に伴い，私たちの身のまわりには多くの外国人や外国にルーツをもった人びとが生活し，学び，働くようになってきています。本書はみなさんが日本に住んでいる多様な言語・文化的背景をもつ人びとと出会い，交流し，つながりを深め，学び合うための本です。

　みなさんのなかには多様な文化に興味があり，外国人や外国にルーツをもつ人びとと交流したいという気持ちのある人がたくさんいると思います。しかし，その思いを実行に移すためのきっかけがつかめない，勇気がもてない，あるいは出会いの場があっても1，2回の交流で終わってしまい，深いところまで話すことができない，というようなモヤモヤした気持ちを抱えている人も少なくないのではないでしょうか。

　本書では，国際交流，多文化理解，多文化共修，文化紹介ワークショップ，生活や学習サポートボランティアなど，さまざまな活動を紹介しています。各 Chapter の実践を重ねていくことで，互いの文化や習慣を学び，つながり合うこと，共に活動することの楽しさ，大切さを知ることになるでしょう。そして，大学，学校，職場，生活のなかで多文化共生を進めていくために何ができるのかを話し合い，模索し，実践するきっかけとなるでしょう。

　本書で身のまわりのさまざまな多文化をみつけ，人びとと交流し，学び合う活動を経験することは，国内・海外を問わず，今後，みなさんが多様な言語文化的な背景をもつ人びととつながり，共に生きていくための糧となるでしょう。

◆教員のみなさんへ

　本書は大学の国際理解，多文化共生，異文化間教育の授業，日本人学生と留学生の交流セッション，共修授業のテキストとして活用することができます。また，高等学校における国際理解教育，異文化間教育，言語活動の充実などを目的とする応用活動として，総合的な探究の時間に取り入れることも可能です。

　授業での使用にあたって，本書の Chapter 1 から順番に進めていくことで徐々に学生が国際交流や多文化理解を深めていくことができます。また，学生の経験や関心に応じて，目的別にいくつかの Chapter をピックアップして使用することも可能です。

　本書の各 Chapter は，テーマの導入とディスカッション，活動の準備，活動（記録と振り返り）の流れで進めることができます。また，学生の興味，関心に応じてさらに問題を掘り下げて応用調査に発展させることができるように配慮されています。指導者用マニュアルが奥付に記載した URL からダウンロードできますのでご活用ください。

◆地域の国際交流活動として

地域で暮らす外国人が増加するなか，かれらが孤立せずにコミュニティに溶け込んで暮らしていくためには，地域の人びととの交流がとても大切になります。本書には，地域の国際交流や外国人支援に活用できるさまざまな活動が含まれています。外国人との交流会，文化施設や街の案内，ホームビジットやホームステイ，街のよさを外国人と共に探す活動，外国人のための日本文化紹介など，地域の国際交流でも用いることのできる活動例が多く示されているので，国際交流に携わるスタッフやボランティアの活動に役立てることもできるでしょう。活動の留意点が指導者用マニュアルに書かれていますので参考にしていただければと思います。

◆本書ができた経緯と編者一同の願い

本書は，ナカニシヤ出版から発行されている『大学における多文化体験学習への挑戦——国内と海外を結ぶ体験的学びの可視化を支援する』(2018)，『大学における海外体験学習への挑戦』(2017) の 2 冊の執筆者たちがメインとなり，国際理解教育，グローバル教育，異文化間教育，多文化教育，文化人類学，留学生教育，日本語教育などの専門家が協力し，検討を重ねて作成したものです。

若い人びとが人間関係づくりにおいて，同じような背景をもった人びととつきあうだけでなく，多様性を求めて交流を図り，異文化交流のおもしろさを体験し，今後の豊かな多文化共生社会を担っていく資質を伸ばしてくれることを期待しています。

本書の活動が多様な人びととつながり，学び合うために活用されることを願っています。

2019 年 4 月 1 日
編者一同

Chapter の構成

本書のそれぞれの Chapter は「問い」と「活動」を中心に構成されています。

Chapter の最初の「問い」でその Chapter のテーマについて自分たちが知っていることを整理し，テーマについてのイメージを膨らませます。その次にテーマの背景を知り，その Chapter の活動計画を立て，活動を実施します。それぞれの Chapter には，ワークシートがついていますので，活動の記録をつけて振り返り，最後のまとめの活動として報告会，ポスター発表などをおこないます。

問い・活動準備

テーマを導入し，背景を知り，活動計画を立てます

活　動

（活動例：交流会参加，街案内，文化紹介ワークショップなど）

振り返り

ディスカッション・報告会・ポスター発表などのまとめの活動をおこないます

各 Chapter は基本の活動と振り返りで終わらせることもできますし，さらにその Chapter のテーマと活動に関するブックリストのページ，応用調査例のページを活用し，学期末レポートの作成や卒業論文のテーマなどに発展させることもできます。

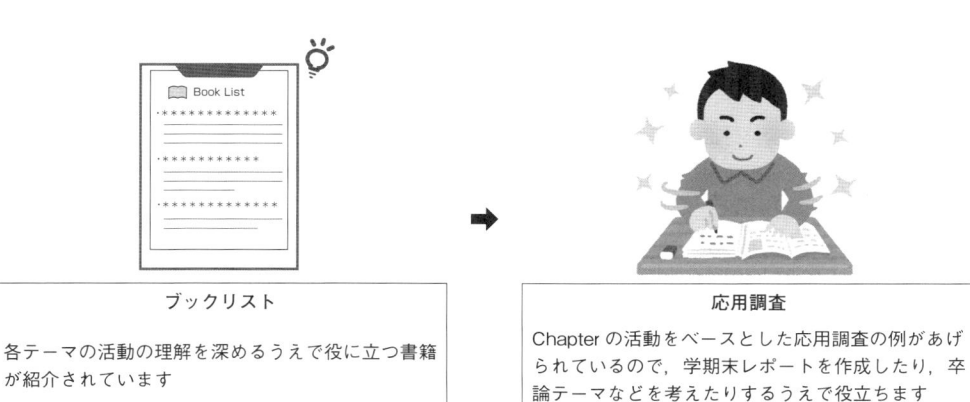

ブックリスト

各テーマの活動の理解を深めるうえで役に立つ書籍が紹介されています

応用調査

Chapter の活動をベースとした応用調査の例があげられているので，学期末レポートを作成したり，卒論テーマなどを考えたりするうえで役立ちます

本書の活用例

本書は授業で活用することができるとともに，学生主体の交流活動で用いることもできます。また，前述したように地域の国際交流活動に用いることも可能です。以下，それぞれの活用例を紹介します。

1　授業での活用

授業の一環として活用する場合は，まず 1–2 コマ程度で各 Chapter の最初の問いとテーマの背景について話し合い，活動の計画を立てます。そして授業の活動の一環として，あるいは課外活動として実際に学生に活動・体験してもらいます。活動期間中は定期的に振り返る時間をとり，最後に振り返りと報告会の時間を設けるようにしましょう。もし時間がない場合は，最後のまとめをレポート課題とする方法もあります。指導の留意点は指導者用マニュアルに記されていますので，参考にしてください。

授業回	導入（1–2 コマ程度）	授業／課外	まとめ（1–2 コマ程度）
項　目	各 Chapter の問い 背景，活動計画	活動の実践 （交流会，街案内， ボランティア活動など）	活動の振り返り，報告会など

各 Chapter の体験活動後にそれぞれの学生が興味をもった点をさらに掘り下げてレポートを作成したり，卒業論文のテーマとして発展させたりする場合は，「ブックリスト」「応用調査」を用いて指導するとよいでしょう。

2　学生のボランティア活動，自主調査の手引きとして

個人，あるいはグループで国際交流を実践したいと考える学生が，本書のなかから興味のあるテーマや活動を選び，テキストの流れに沿って自主的に計画を立て，活動を実践し，振り返りをおこなうことができます。さらに学んだことを深めたい場合は，ブックリストや応用調査例を参照しつつ，課題研究をおこなってレポートを作成して発表したり，大学生の場合は卒業論文へと発展させたりすることもできます。

3　地域の交流活動としての活用

本書の各 Chapter の活動は，前述したとおり，地域住民がお互いにつながり，学び合う交流活動として活用することができます。交流会で出会い，街や文化施設を案内したり，地域のよさを共に探したりして外部に発信する活動，地域の外国人や外国人児童生徒の日本語支

援，教科の学習支援など，さまざまな地域の国際交流活動に役立つ実践方法を紹介しています。

◉コラム 1　知っておこう：訪日外国人・在留外国人のデータ[1)]

以下，短期の訪日外国人，日本で暮らす在留外国人について知っておきましょう。

◎訪日外国人：日本に観光などで来日する外国人数は，年々増加しています。特に国が政策として，外国人の受け入れを積極的に始めた 2013 年以降，急激に増加しており，2018 年には年間訪日外国人数は 3000 万人を突破しました。しかしながら，通訳・観光案内など，外国人の受け入れ態勢の整備が追いつかないといった問題も生じており，2020 年の東京オリンピック・パラリンピックにみられるような，ボランティアによる活動が期待されています。

◎在留外国人：日本に暮らす外国人（在留外国人）も増加をつづけており，2018 年には 270 万人を超えました。在留外国人は，在留資格別にみると，定住者・永住者，留学生，技能実習生として働いている人びと，専門職に就いている人材（高度人材），家族滞在，日本人の配偶者などに分けられます。人手不足のため，2019 年から新たな在留資格が設けられ，在留外国人の増加が見込まれています。こうしたなかで，日本に生活拠点を置き，長期的に滞在している人びとは「生活者としての外国人」と呼ばれ，そのなかには子どものいる家庭も含まれます。日本で暮らす外国人や外国人児童生徒の受け入れ環境整備，地域で孤立しないための市民同士の交流が求められています。

◎外国人留学生：日本の高等教育機関，日本語教育機関などで学ぶ外国人留学生数も増加し，2018 年には 29 万を超えました。日本政府は外国人留学生の受け入れ拡大を目指しており，今後も留学生数が増加することが見込まれています。多くの大学が留学生と日本人学生の交流の機会を設けていますが，日本人学生との深いつながりがもてないと感じる留学生も少なくありません。本書の活動をきっかけとして共に学び合い，つながる活動を広げていきましょう。

◎外国人労働者：外国人労働者数も増えつづけており，2018 年には 146 万人に達しています。外国人労働者の内訳は，永住者や定住者，専門職，留学生アルバイト，技術実習生などで構成されます。日本の少子高齢化による人手不足が深刻化するなか，2018 年度の入管法（出入国管理及び難民認定法）改正などにより，今後ますます外国人労働者の受け入れが進むことが見込まれています。多様な言語文化的な背景をもつ人びとと共に働き，共に暮らしていくための多文化協働力を養うことがよりいっそう重要になってきます。

---

1) 数値については，厚生労働省「「外国人雇用状況」の届出状況まとめ（平成 30 年 10 月末現在）」〈https://www.mhlw.go.jp/content/11655000/000472891.pdf（最終閲覧日：2019 年 4 月 25 日）〉および法務省「国籍・地域別在留外国人数の推移」（平成 30 年末）〈http://www.moj.go.jp/content/001289225.pdf（最終閲覧日：2019 年 4 月 25 日）〉を参照した。

調査活動のマナー

　本書の活動のなかには外国人にインタビューをする活動が含まれています（例：Chapter 1 の外国人観光客への街頭インタビュー）。調査活動をする場合は，調査の目的を相手に伝え，相手の同意を得てください。そして，相手の迷惑にならないように配慮すること，相手のプライバシーに配慮することが重要です。以下の点に気をつけましょう。

☐　あなたの所属する大学・学校のルールに従っておこないましょう。わからない場合は，教員に相談しましょう。

☐　インタビューやアンケートをする前に質問内容を十分に吟味し，練習をしておきましょう。

☐　自分の名前と所属，そして調査が大学・学校の実習であることを伝えてから始めましょう。

☐　インタビューする相手が，日本語がよくわからない場合もあります。英語や相手がわかる言語で，調査の目的を記した紙を用意しておきましょう。

☐　録音，写真やビデオ撮影をする際は事前に関係者の許可をとりましょう。

☐　インタビューにかかる時間を相手に伝えましょう。相手の都合を聞き，忙しい場合は，アポイントメントをとり，再訪しましょう。

☐　インタビューに協力してもらったら，別れる前に感想（インタビューで学んだこと）とお礼を述べましょう。相手の連絡先がわかる場合は，その日のうちにお礼のメールを送りましょう。

☐　成果をあげるための調査という意識ではなく，外国の人と交流を図ることで自分が豊かになれる機会，という考え方を忘れないようにしましょう。

目　次

Chapter 1　　出会う：交流ことはじめ

Chapter 2　　揺 ら ぐ

Chapter 3　　つきあう

Chapter 4　　案内する

Chapter 5　　一緒に見る・知る

Chapter 1

出 会 う

交流ことはじめ

【問　い】

❶ あなたの身のまわりで，どのようなところで外国人を見かけますか。
　　□大学／学校　　□アルバイト先　　□自分の住んでいる寮
　　□住んでいる地域　　□その他（　　　　　　　　　　　　）

❷ 実際に話したことや交流した経験がありますか。

❸ 観光地，大きな駅，有名なショッピングエリアなどで外国人旅行者をよく見かけるようになりましたが，かれらはどんなことを楽しみにして日本に来ていると思いますか。五つあげてみましょう。

活動 A：交流イベントに参加する

||||||||||||||||||||||||||||||||||||||||||||||||||||||||||||||||||||||||||||||||||||||||||||||||||||||||||||||||||

　日本に短期で観光に来る外国人，また日本に住んでいる外国人の数は年々増加しています。みなさんの身のまわりでも大学，学校，アルバイト先，寮，地域など，さまざまな場所で外国の人びとと出会い，交流する機会が増えているのではないでしょうか。

　少子化が進む社会において，私たちは今後ますます外国の人びとと協力して社会を構築していくことが求められます。ぜひ国内での多文化交流を通じて，さまざまな言語文化的背景をもった人びとと一緒に過ごす機会をもってください。お互いの社会や文化について話すことで，多くのことを学べるはずです。交流の機会をもつことで，みなさんが帰属する社会，日本，地域社会，大学コミュニティなどのあり方を見つめなおし，今までみなさんが「あたりまえ」だと考えてきた制度，習慣，価値観を見直すきっかけにもなるでしょう。

　まずは国際交流の最初の一歩として，以下を参考に，自分の身近なところから国際交流を始めましょう。

▷国際交流のきっかけとなる場・イベント

　1）学内の国際交流イベント　　　多くの大学は留学生の受け入れを拡大しており，新学期に留学生の歓迎会がさまざまな形でおこなわれています。まずはあなたの大学の国際関係の部署（国際交流センター，留学センター，グローバル教育センター，国際部などの名称の部署）に行き，掲示板のイベント情報をチェックしたり，担当者に質問したりして交流イベントの情報を集めましょう。また学内の学生が主催する国際交流イベント，学内の日本語教室の歓迎会などがおこなわれている場合もありますので，学内のポスターやオンライン情報にアンテナを張りましょう。

　2）国際交流ラウンジ　　　多くの大学には国際交流ラウンジが設置されています。みなさんの大学に交流ラウンジがあればぜひ活用しましょう。交流ラウンジというと，欧米の学生や英語が得意な学生が集まり，英語で話しているイメージが強く，最初は「敷居が高い」と感じるかもしれません。しかし，留学生の多くは，日本語であれ英語であれ，さまざまな交流の機会を求めています。最近では英語以外の言語での交流会も増えています（日本語カフェ・中国語カフェ・ドイツ語カフェなど）。定期的に通っていると知り合いもでき，交流ラウンジの外でのつきあいに広がっていくことも珍しくありません（☞ Chapter 3「つきあう」）。まずは定期的に参加してみましょう。

　3）教室で一緒に学ぶ留学生　　　みなさんの大学には何人ぐらいの留学生がいるか知っていますか。また，どこの国や地域からの留学生が多いか知っていますか。調べてみましょう。クラスで留学生がそばにいたら，物おじせず話しかけてみてください。来日したきっかけや

日本での生活について聞いてもよいでしょうし，お互いに関心のある話題を探したり，一緒に出かけたりすることによって親しみが増すでしょう。

　　4）地域の国際交流パーティーやその他の場所での交流　　大学だけでなく地域での国際交流イベントを活用するのもよいでしょう。地域の自治体や国際交流協会，日本語教室では定期的に国際交流や日本文化紹介のイベントをおこなっているところが多くあるので，交流情報を集めて参加してみましょう。地域の市民同士の交流の機会に参加することは，日本で暮らす外国人の多様な背景や在留資格の違い，社会の外国人受け入れの現状と課題を知ることにもつながるでしょう（☞ Chapter 9「役に立つ」）。

　　5）アルバイト先の人びとから話を聞く　　近年の人手不足のなか，多くの外国人が日本で働いています。みなさんのなかでもアルバイトをしている人は，外国人スタッフと一緒に働いた経験がある人も少なくないでしょう。アルバイト先の外国人スタッフと交流し，来日のきっかけ，生活，職場で困ったこと，将来の夢など，さまざまな話を聞いてみましょう。外国で意欲的に学び，働く姿に刺激を受けると同時に，外国人労働者の受け入れの仕組みや課題を知ることにつながるでしょう。

✎ ワークシート 1-1 【計画を立てよう】

▶**行動計画**

交流の場：＿＿＿＿＿＿＿＿＿＿＿＿＿＿＿＿＿＿＿＿＿＿＿　日　時：＿＿＿＿＿＿＿＿＿

交流する相手：＿＿＿＿＿＿＿＿＿＿＿＿＿＿＿＿＿＿＿＿＿＿＿＿＿＿＿＿＿＿＿＿＿

▶**聞きたいこと**

① ＿＿＿＿＿＿＿＿＿＿＿＿＿＿＿＿＿＿＿＿＿＿＿＿＿＿＿＿＿＿＿＿＿＿＿＿＿＿

② ＿＿＿＿＿＿＿＿＿＿＿＿＿＿＿＿＿＿＿＿＿＿＿＿＿＿＿＿＿＿＿＿＿＿＿＿＿＿

▶**相手とシェアしたい情報**（日本の情報，イベント，自分のことなど）

① ＿＿＿＿＿＿＿＿＿＿＿＿＿＿＿＿＿＿＿＿＿＿＿＿＿＿＿＿＿＿＿＿＿＿＿＿＿＿

② ＿＿＿＿＿＿＿＿＿＿＿＿＿＿＿＿＿＿＿＿＿＿＿＿＿＿＿＿＿＿＿＿＿＿＿＿＿＿

▶**交流後の振り返り：学んだこと・気づいたこと**

＿＿

＿＿

　交流イベントで初めて話す相手と楽しく会話するためにはどんなトピックがよいのでしょうか。また交流の言語は英語，日本語，中国語など，どの言語がよいでしょうか。そもそも，言語は一つだけでよいのでしょうか。考えてみましょう。

　1）交流の言語　　　国際交流というと「英語」を連想する人が多いかもしれません。しかし外国の人びとが必ずしも英語で話したいと考えているとは限りません。英語を第一言語としない人もたくさんいます。日本語を学ぶことを目的に来日し，がんばって日本語で会話をしたいと思っている人もたくさんいます。相手の様子をみながら，会話の言語を選びましょう。もしコミュニケーションが難しければ，ジェスチャー，筆談，複数の言語など，さまざまなリソースを組み合わせてコミュニケーションをとりましょう（☞ Chapter 9 活動 B-3）「多文化共生のための「やさしい日本語」の使用」（p.84）も参照）。

　2）交流会でのトピック（例）　　　交流する際のトピックとして以下のようなものが一般的です。下記の①‒⑧を参考にしつつ，自分なりの話題のレパートリーを広げていきましょう。また，会話のときは「質問」→「答え」→「質問」→「答え」と

会話は
キャッチボール

いった単調なパターンにならないように，一つの話を膨らませられるようにしましょう。相手に一方的に質問するだけでなく，自分のことを話すのも大切です。

> 〈トピック例〉
> ①互いの出身地のこと，②来日の理由，③趣味（スポーツ，メディア作品鑑賞，ゲームなど）
> ④日本の生活（住居，勉強，アルバイト），⑤旅行，⑥食べ物
> ⑦日本で驚いたこと，⑧将来の夢，⑨（　　　　　　　　　　　　　）

　3）1 回限りの交流にしないために　　　交流会の後，SNS の連絡先を交換することもよくあるでしょう。しかし留学生からは「交流会で SNS の連絡先を交換しても，日本の学生から返事がこない。単なる社交辞令が多くて悲しい」というような声もよく聞きます。1 回限りの交流で終わらせないためには，あなたから積極的に交流をつづけることがとても大切です。「今度どこかに遊びに行きましょう」と誘うときは，なるべく具体的なプランを決めておくとよいでしょう。また，相手に誘われても忙しい場合は，自分の都合を伝えると同時に，代案（「2 週間先のその曜日なら空いている」など）を示すとよいでしょう。自分の意思を言葉で伝え，誠実につきあうことが友情を育むうえで大切です。

1

活動 B：外国人観光客へのインタビューからみた「日本」

|||||||||||||||||||||||||||||||||||||||||||||||||||||||||||||||||||||||||||||||||||||||||||||||||||||||||||||

　旅行目的で来日する外国人の数は年々増加しており，観光地で多くの外国人を見かけるようになりました。外国人観光客はなぜ日本に来て，日本にどのような印象をもつのでしょうか。観光地で外国の人びとに話を聞くことで，外国の人からみた日本のよさを再発見したり，外国人にとって不便な点を具体的に理解したりすることができるようになるでしょう。ここではインタビュー経験のない人でもできるようなシンプルな街頭インタビューを紹介するので実践してみましょう。

▷**インタビューの準備**————————————————————————————————

　まずは観光庁などのデータから，訪日外国人が日本旅行でしたいことを調べてみましょう（例：日本食，ショッピング，自然・景勝地観光など）。そしてインタビュー準備として，訪日外国人の街頭インタビューを動画投稿サイトなどを通じて見て，インタビューのイメージをつかんでおきましょう。

◈ **ワークシート 1-2【インタビューの準備】**

インタビューの場所：＿＿＿＿＿＿＿＿＿＿＿＿＿　　インタビュー数：＿＿＿＿＿＿＿＿＿＿

旅行者の出身地域（特にフォーカスがあれば）：＿＿＿＿＿＿＿＿＿＿＿＿＿＿＿＿＿＿＿＿

▶聞いてみたいこと

質問 1：＿＿＿＿＿＿＿＿＿＿＿＿＿＿＿＿＿＿＿＿＿＿＿＿＿＿＿＿＿＿＿＿＿＿＿＿＿

質問 2：＿＿＿＿＿＿＿＿＿＿＿＿＿＿＿＿＿＿＿＿＿＿＿＿＿＿＿＿＿＿＿＿＿＿＿＿＿

質問 3：＿＿＿＿＿＿＿＿＿＿＿＿＿＿＿＿＿＿＿＿＿＿＿＿＿＿＿＿＿＿＿＿＿＿＿＿＿

▶観察メモ

現地での外国人観光客の行動を観察し，どのようなもの／ことに興味をもっているのか記録しておきましょう。

＿＿

＿＿

＿＿

＿＿

＿＿

〈結果の分析と振り返り〉
・結果をまとめて表をつくり，クラスで発表してみましょう。
・興味深いコメントは，直接引用の形で紹介しましょう。
・旅行者が感じる不便な点を調査した場合は，解決策も考えてみましょう。

▷街頭インタビューのヒント

　1）相手の背景を意識する　　　「訪日外国人」といっても背景はさまざまです。どのような国・地域から観光客が来ているのか予想してみてください。そして日本政府観光局の訪日外客数の統計データを調べて答えをチェックしてみてください（2018 年の訪日外国人の国別ランキングでは，1 位韓国，2 位中国，3 位台湾，4 位香港，5 位タイでした）。そのうえで，街頭インタビューではどのような観光客にどのような話を聞きたいのか考えて，質問をつくりましょう。

　2）インタビューの流れをつくる　　　街頭インタビューでは，相手が時間に余裕があるかどうか聞き，相手の迷惑にならないように配慮しましょう。インタビューでは，相手にわかりやすい簡潔な質問をするように心がけましょう（☞「調査活動のマナー」(p.vi)）。

〈インタビューの質問の流れ〉
インタビューの際，以下のような質問の流れでおこなうと相手が答えやすいです。
・Step 1：「はい／いいえ」で簡単に答えられる質問（例：ここは初めて来ましたか）
・Step 2：「いつ，どこから，どのくらい」など疑問詞を使った簡単な質問（例：どこから来ましたか，いつ日本に来ましたか，どのくらいいますか）
・Step 3：「なぜ，どうやって，なに」など詳しく説明する必要がある質問（例：なぜ日本に来たのですか，日本のよい点は何ですか）

　3）大学で学んでいる科目と関連づける　　　みなさんは大学や学校でどのような科目を学んでいますか。歴史，言語，文化，観光振興，経済，教育，労働など，自分が学んでいるテーマと関連づけた問いを考えてみましょう。

質　　問

　4）**相手にとって役に立つ情報を準備する**　　インタビューの協力者が時間に余裕がある
ようなら，何か旅行に役立つ情報を提供できるとよいでしょう。この街頭インタビューの練
習は，情報収集だけではなく，多文化の背景をもつ人びととのコミュニケーションの機会で
もあります。こちらからも情報（旅のオススメ情報など）を提供できるように準備しておきま
しょう。協力のお礼に折り鶴などを渡すなどのアイディアも考えるとよいでしょう。

✎ Memo

テーマをより深く理解するための
ブックリスト

　Chapter 1 のテーマや活動の意義をより深く理解するための書籍を紹介します。クラスのレポートや卒業論文のテーマとして，そして国際交流の調査をおこなう際にも参考になるでしょう。

◎活動 A：交流イベントに参加する

①村田晶子［編著］（2018）．『大学における多文化体験学習への挑戦──国内と海外を結ぶ体験的学びの可視化を支援する』ナカニシヤ出版

　本書はこのテキストの姉妹本にあたります。本書では多様な言語文化的な背景をもつ人びとと交流し，共に学ぶことの意義を分析し，国内，海外のさまざまな多文化体験学習，フィールドワークなどの実践例を紹介しています。本書を通じて，国内と海外の多文化体験学習に参加することの意義，体験のさまざまな振り返りの方法を学ぶことができるでしょう。

②多賀美常美代［編著］（2013）．『多文化共生論──多様性理解のためのヒントとレッスン』明石書店

　本書は日本に住むさまざまな外国人が感じる障壁や困難を分析しています。国際交流というと，異文化と出会い，共に学び合うポジティブな側面が強調されますが，外国人や外国にルーツをもつ人びとは馴染みのない環境でさまざまな困難に直面しています。そうした背景を理解し，多文化理解を深め，共生のために何が必要か考えるうえで参考になるでしょう。

◎活動 B：外国人観光客へのインタビューからみた「日本」

①岸　周吾（2009）．『外国人から見たニッポン──What do you want to say about Japanese culture?』ディスカヴァー・トゥエンティワン

　本書は 350 人以上の外国人に日本文化について突撃インタビューをおこなってまとめたものです。外国人のメッセージが，観光地で街頭インタビューをする際，参考になるでしょう。

②本田弘之・岩田一成・倉林秀男（2017）．『街の公共サインを点検する──外国人にはどう見えるのか』大修館書店

　本書を読むことで，普段見慣れているために気づかない日本の公共サインの問題点を外国人の視点から知ることができます。年々増加する訪日外国人や在留外国人のための環境整備の一環として，日本における多言語状況や公共サインの大切さを理解することができるでしょう。

③佐藤郁哉（2012）．『フィールドワーク 増訂版──書を持って街へ出よう』新曜社

　本書はフィールドワーク（現地調査）の背景にある考え方，フィールドワークを実施する際の心構えや留意点などが書かれています。街でのインタビュー，参与観察をおこなう際の準備として事前に読んでおくとよいでしょう（フィールドワークについては Chapter 7 参照）。

応用調査

　Chapter 1 の活動は，国際交流の最初のステップとして紹介しましたが，これらのテーマをさらに深く掘り下げて，学期末のレポートや卒業論文などに発展させることもできます。

◎活動 A：「交流イベントに参加する」の発展調査例

①大学生の国際交流活動の実態調査

みなさんのまわりの人びとは国際交流の活動にどのくらい参加していますか。また，活動を通じてどのような学びや気づきがあるのでしょうか。国際交流活動へのまわりの人たちの参加状況，参加を通じた気づきや学びを調査することで，活動の意義，今後に向けた課題をより深く理解することができるでしょう。

②日本の学生と留学生の交流・共修場面の分析

学内の「国際交流」というと「共に学ぶ」といったポジティブな面が強調されがちですが，その一方で留学生からは「日本の学生と深いつきあいができない」という声も聞かれます。みなさんのまわりの留学生は交流の機会が十分にあるのでしょうか。留学生がもし孤独感を抱いているとしたら，その要因は何なのでしょうか。留学生と日本人学生の友人関係の構築に関してはすでにさまざまな研究がおこなわれています。先行研究を読み，さらにみなさん自身が留学生にインタビューをしたり，学内の交流場面を調査したりして現状を分析し，その対策を考えてみましょう。

◎活動 B：「外国人観光客へのインタビューからみた「日本」」の発展調査例

①外国人旅行者との交流を通じた学びの分析

教育活動において，外国人旅行者とかかわる活動（たとえば，活動 B のような街頭インタビュー）がおこなわれていますが，こうした活動に参加することで何を学べるのでしょうか。また，外国人旅行者はこうしたインタビューをどのように受け止めているのでしょうか。みなさん自身の活動を振り返るとともに，外国人旅行者の聞き取り，観光地での交流観察などを通じて，こうした活動の意義を多面的に分析してみましょう。

②訪日外国人の受け入れ環境の課題分析

訪日外国人への街頭インタビューでは，外国人旅行者にとっての日本の魅力を知るだけでなく，かれらが不便に感じることを知り，受け入れ環境の改善を考えていくうえでも役立ちます。たとえば漢字が読めない旅行客はどのような点で困難を感じ，どのような情報発信が役立つのでしょうか。外国人のインタビュー，街の多言語状況や公共サインの観察などを通じて現状を理解し，課題を考えてみましょう。

Chapter 2

揺 ら ぐ

【問　い】

■あなたは外国人に対してどのようなイメージをもっていますか。
　□ 陽気　　□意見をはっきり言う　　□うるさい
　□あやしい　　□かっこいい　　□おしゃれ
　□ その他 （　　　　　　　　　　　　　　　　　　　　）

■ ■に答えるとき，どのような人をイメージしていましたか。

■なぜそのようなイメージをもつようになったと思いますか。

活動 A：ステレオタイプについて考える

||||||||||||||||||||||||||||||||||||||||||||||||||||||||||||||||||||||||||||||||||||||||||||||

　日本で暮らす外国人が増加するなか，国際交流への関心は高まっています。しかし，その一方で，言葉や文化，生活習慣，宗教，外見の違いや異文化に対する誤解，無理解などの理由で，外国人に対する差別的な発言や偏見が問題となっており，近年では街頭デモなどで，特定の民族や国籍の人びとの差別・排斥を扇動する言動（ヘイトスピーチ）もおこなわれています。

　Chapter 2 では外国人に対するステレオタイプ，そしてヘイトスピーチについて考えていきます。みなさんは多文化・異文化に関心をもち，交流や共修，外国人支援ボランティアなどに取り組もうとしていますが，そうした活動をする前に，ぜひ自分のなかにある外国人に対するイメージについて一度考えてみてください。そして，自分のもっているイメージを揺さぶってみてください。本 Chapter のタイトルの「揺らぐ」にはそうした願いが込められています。外国人に対するイメージ，ステレオタイプを意識し，そうした問題を超えようとする姿勢は，多様な人びとと出会い，お互いを理解し，多様性を尊重しながら協働するための大切なステップになります。

▷バラエティ番組で見る外国人や〈ハーフ〉タレントへのステレオタイプ ──────

　私たちが，異文化をとらえるとき，限られた情報から判断したり，イメージをつくったりしてしまいます。それをもとに楽しんだり物事を理解したりすることがあります。テレビのバラエティ番組にも同じことがいえます。

　バラエティ番組には，多くの外国人タレントや〈ハーフ〉[1]のタレントが出演しています。みなさんは，どのような印象を彼ら／彼女らにもっていますか。テレビでの印象が，それぞれのルーツとなる国や地域へのステレオタイプを形成していないでしょうか。テレビで外国人や〈ハーフ〉の人びとがどのように扱われているか，実際に番組を観察して考えてみましょう。

　バラエティ番組で見かける〈ハーフ〉のタレントは，さまざまな国や地域から来ています。メディアを通じて頻繁に見ることで，彼ら／彼女らと同じ出身国や地域の人びとに対して特定のイメージをもつようになることが考えられます。次頁のワークシートを使って，バラエティ番組に出てくる外国人や〈ハーフ〉タレントのイメージについて分析し，クラスで話し合って考えてみましょう。

---

[1] 複数の国にルーツをもつ人びとのことをミックスあるいはダブルと呼ぶこともあり，ハーフと呼ばれることに違和感をもつ人もいます。みなさんのイメージを表す一般的な言説として，ここでは〈ハーフ〉と表すことにします。

✎ ワークシート2-1【バラエティ番組に出てくる外国人や〈ハーフ〉タレントのイメージ】

▶番　　組

・日　　時：＿＿＿＿＿＿＿＿＿＿＿　　・番 組 名：＿＿＿＿＿＿＿＿＿＿＿＿＿＿＿＿

・放 送 局：＿＿＿＿＿＿＿＿＿＿＿

▶その番組には，どのような外国人や〈ハーフ〉タレントが出演していましたか。

①名　　前：＿＿＿＿＿＿＿＿＿＿＿＿＿＿＿＿　　性　　別：＿＿＿＿＿＿＿＿＿

　年　　代：＿＿＿＿＿＿＿＿＿＿＿　　出身・ルーツ：＿＿＿＿＿＿＿＿＿＿＿

②名　　前：＿＿＿＿＿＿＿＿＿＿＿＿＿＿＿＿　　性　　別：＿＿＿＿＿＿＿＿＿

　年　　代：＿＿＿＿＿＿＿＿＿＿＿　　出身・ルーツ：＿＿＿＿＿＿＿＿＿＿＿

③名　　前：＿＿＿＿＿＿＿＿＿＿＿＿＿＿＿＿　　性　　別：＿＿＿＿＿＿＿＿＿

　年　　代：＿＿＿＿＿＿＿＿＿＿＿　　出身・ルーツ：＿＿＿＿＿＿＿＿＿＿＿

▶その番組では，それぞれの人にどのようなイメージをもちましたか。

①＿＿＿＿＿＿＿＿＿＿＿＿＿＿＿＿＿＿＿＿＿＿＿＿＿＿＿＿＿＿＿＿＿＿＿＿

＿＿＿＿＿＿＿＿＿＿＿＿＿＿＿＿＿＿＿＿＿＿＿＿＿＿＿＿＿＿＿＿＿＿＿＿＿

②＿＿＿＿＿＿＿＿＿＿＿＿＿＿＿＿＿＿＿＿＿＿＿＿＿＿＿＿＿＿＿＿＿＿＿＿

＿＿＿＿＿＿＿＿＿＿＿＿＿＿＿＿＿＿＿＿＿＿＿＿＿＿＿＿＿＿＿＿＿＿＿＿＿

③＿＿＿＿＿＿＿＿＿＿＿＿＿＿＿＿＿＿＿＿＿＿＿＿＿＿＿＿＿＿＿＿＿＿＿＿

＿＿＿＿＿＿＿＿＿＿＿＿＿＿＿＿＿＿＿＿＿＿＿＿＿＿＿＿＿＿＿＿＿＿＿＿＿

▶どのようなイメージをもったかをグループか隣同士でシェアしてみましょう。

```
Memo


```

▶それぞれの人がもつイメージは，その国のイメージに影響を与えると思いますか。また，なぜそう思いますか。

＿＿＿＿＿＿＿＿＿＿＿＿＿＿＿＿＿＿＿＿＿＿＿＿＿＿＿＿＿＿＿＿＿＿＿＿＿

＿＿＿＿＿＿＿＿＿＿＿＿＿＿＿＿＿＿＿＿＿＿＿＿＿＿＿＿＿＿＿＿＿＿＿＿＿

＿＿＿＿＿＿＿＿＿＿＿＿＿＿＿＿＿＿＿＿＿＿＿＿＿＿＿＿＿＿＿＿＿＿＿＿＿

▷活動のヒント：多様性のなかのステレオタイプ

　先述したように，私たちは異文化をとらえるとき，限られた情報から判断したり，イメージをつくったりしてしまい，それが特定の国の人びとや文化に対する誤った思い込みや偏見になってしまうことがあります。このような思い込みや偏見をステレオタイプといいます。私たちの社会は一見多様で平等のようにみえますが，実はステレオタイプ化した見方をしていることが多々あります。特に，日本では近現代史における歴史的背景から，白人や欧米を上にみてアフリカやラテンアメリカ，日本もそこに位置するアジアを下にみることがあります。このような西洋を優位に中東やアジアを劣位に置くような見方を「オリエンタリズム」といいます。

　テレビ番組で語られ，映像化されているものには，そのようなステレオタイプ化をもたらすものが少なくありません。

　しかし大切なのは，本書でみなさんに示しているように，外国の人びとや外国にルーツをもつ人びとと実際に出会い，一緒に何かをおこなうことです。ステレオタイプによる「何人（なにじん）」ではなく，固有名詞をもった「＊＊さん」との交流や共同作業は，みなさんの人生にとってかけがえのない財産になっていきます。

🖉 Memo

活動 B：ヘイトスピーチについて考える

||||||||||||||||||||||||||||||||||||||||||||||||||||||||||||||||||||||||||||||||||||||||||||||||||||||

> ステレオタイプ・偏見が人を傷つけてしまうことがあります。それが極端な場合，「ヘイトスピーチ」「ヘイトデモ」といわれるような行為につながってしまうこともあります。

✎ ワークシート 2-2【ヘイトスピーチとは】

▶まず，ヘイトスピーチの意味，事例を調べてみましょう。

・意　　味：＿＿＿＿＿＿＿＿＿＿＿＿＿＿＿＿＿＿＿＿＿＿＿＿＿＿＿＿＿＿＿

＿＿＿＿＿＿＿＿＿＿＿＿＿＿＿＿＿＿＿＿＿＿＿＿＿＿＿＿＿＿＿＿＿＿＿＿＿

・事　　例：＿＿＿＿＿＿＿＿＿＿＿＿＿＿＿＿＿＿＿＿＿＿＿＿＿＿＿＿＿＿＿

＿＿＿＿＿＿＿＿＿＿＿＿＿＿＿＿＿＿＿＿＿＿＿＿＿＿＿＿＿＿＿＿＿＿＿＿＿

▶動画サイト（YouTube など）で「ヘイトスピーチ」を検索し，映像を見てみましょう。そしてヘイトスピーチについて話し合いましょう。

・動画タイトル：＿＿＿＿＿＿＿＿＿＿＿＿＿＿＿＿＿＿＿＿＿＿＿＿＿＿

・誰が（どんな人が）：＿＿＿＿＿＿＿＿＿＿＿＿＿＿＿＿＿＿＿＿＿＿＿＿

・何を主張していたか：＿＿＿＿＿＿＿＿＿＿＿＿＿＿＿＿＿＿＿＿＿＿＿＿

＿＿＿＿＿＿＿＿＿＿＿＿＿＿＿＿＿＿＿＿＿＿＿＿＿＿＿＿＿＿＿＿＿＿＿＿＿

・何が問題か：＿＿＿＿＿＿＿＿＿＿＿＿＿＿＿＿＿＿＿＿＿＿＿＿＿＿＿＿＿

＿＿＿＿＿＿＿＿＿＿＿＿＿＿＿＿＿＿＿＿＿＿＿＿＿＿＿＿＿＿＿＿＿＿＿＿＿

▷活動 B を深めるためのヒント

　「ヘイトスピーチ」は，「差別扇動」と訳します。「ヘイトスピーチ」は単なる「悪口」や「罵詈雑言」ではありません。それは，社会の少数者（マイノリティ）への殺人や暴力などの「ヘイトクライム」（差別犯罪）をそそのかす行為です。ヘイトデモに参加する人びとは，自分たちは何かを奪われている，と考えて，その奪われたことの原因の一つをマイノリティである外国人に求めてしまうのです。もちろん，実際に何かを奪われているわけではありません。ヘイトスピーチは表現の自由ではなく，規制が必要な犯罪として規定されるべきものです。大切なことは，ネット上のヘイトスピーチの言説や差別扇動の情報を鵜呑みにしないことです。地域の多文化共生の歴史を学び，多文化・多民族の人びとと直接出会い，その輪のなかに入って実際に話を聞いてみることが重要なのです。

テーマをより深く理解するための
ブックリスト

　Chapter 2のテーマや活動の意義をより深く理解するための書籍を紹介します。クラスや
ゼミのレポートや卒業論文のテーマとして，そして国際交流の調査をおこなう際にも参考に
なるでしょう。

◎活動A：ステレオタイプについて考える

①青木　保（2001）．『異文化理解』岩波書店

　本書は，文化人類学者である著者が，「ステレオタイプ」「オリエンタリズム」などの概念を平易に説明す
るとともに，自身の体験を踏まえて適切な実例をあげながら，異なる文化を理解するためにはどのような
ことが大切なのかを記しています。

②赤尾千波（2015）．『アメリカ映画に見る黒人ステレオタイプ──『国民の創生』から『アバター』まで』富山大学出版会（発売元：梧桐書院）

　本書は，アメリカ映画において，いかに黒人のスレオタイプが形成されてきたのかをさまざまな作品を通
じて分析しており，アメリカで起きているヘイトクライムと人種のステレオタイプ化の結びつきを論じて
います。本書におけるメディア作品と特定の人種のステレオタイプ化の関係性は，日本のメディア番組に
おける外国人のイメージの単純化，ステレオタイプ化を考えるうえでも参考になる視点を提示しています。

③岩渕功一［編］（2014）．『〈ハーフ〉とは誰か──人種混淆・メディア表象・交渉実践』青弓社

　日本で〈ハーフ〉とはどのような存在なのか。戦前から戦後，現在に至る人種混淆の言説を歴史的に整理
し，映画・雑誌モデル・漫画・ポピュラー音楽などでの〈ハーフ〉の表象を検証しています。〈ハーフ〉を
めぐる批判的考察をとおして，多様な背景・出自をもつ人びとが共に等しく生きる多文化社会の醸成に向
けた新たな視点・論点が示されています。

◎活動B：ヘイトスピーチについて考える

①師岡康子（2013）．『ヘイト・スピーチとは何か』岩波書店

　本書は，ヘイトスピーチの定義，そしてヘイトスピーチに対して法的な規制をおこなっているイギリス，
ドイツ，カナダ，オーストラリアの例をあげながら，ヘイトスピーチ規制の法整備を進めることを推奨し
ています。この本が出されたあとの2016年には，「在日外国人に対するヘイトスピーチ解消法」（正式名
「本邦外出身者に対する不当な差別的言動の解消に向けた取組の推進に関する法律」）が成立しました。

②安田浩一（2015）．『ヘイトスピーチ──「愛国者」たちの憎悪と暴力』文藝春秋

　本書は，在日コリアンへ罵詈雑言を浴びせかけ「殺せ」と扇動する街頭デモをおこなうヘイトスピーチに
関して，「愛国」を楯に排外主義を煽るヘイトスピーカーの実態や差別の現場を報告し，差別的言辞はなぜ
やまないのかを考察しています。

応 用 調 査

　Chapter 2 の活動で取り上げたテーマをさらに深く掘り下げて，多文化体験学習との関係を分析してみましょう。

◎活動 A・B 共通の発展調査例

①日本や世界における外国人のイメージを調査し，外国人に対するステレオタイプについて調べたり，外国における日本人のステレオタイプについて調べたりしてみましょう。また，多様な人びとと交流したり協働したりすることが，そうしたステレオタイプを乗り越えるうえでどのような役割を果たしているのか，交流会の参加者への聞き取り，交流観察などを通じて分析してみましょう。そうすることで多文化交流や協働の意義と課題を明らかにすることもできるでしょう。

②映画，ドラマ，バラエティ番組などのさまざまなメディア作品を通じて提供される外国人の情報やイメージが，みなさんの外国人のイメージの形成にどのような影響を与えているか調べてみましょう。また，メディア作品に触れるだけでなく，外国人と接触する経験を積み重ねることが，外国人に対するイメージにどのように影響を与えるのか調査してみるとよいでしょう。

③活動 A では外国人や〈ハーフ〉タレントに対するイメージについて言及しましたが，〈ハーフ〉という言葉はどのように使われるようになったのでしょうか。また，〈ハーフ〉と呼ばれることに対して，当事者がどのように感じているのか，機会があれば話を聞いてみましょう。

④外国人に対する差別的発言や人権問題について実例を調べてみましょう。そして，多文化交流や協働実践が，外国人に対する差別や偏見を軽減するうえでどのように役立つのか，さまざまな教育プログラムの実践を分析してみましょう。また，研究者や教育関係者に話を聞いてみましょう。

⑤国際理解教育，異文化間教育，多文化教育，異文化コミュニケーションなどの分野を中心に，異なる文化的・民族的背景をもつ人びとのあいだで生じる偏見を軽減するためのワークショップやシミュレーションゲームの形式を用いた協働学習がおこなわれています。それらの実践例を調べて，効果を分析してみましょう。

Chapter 3

つきあう

【問　　い】

1 あなたは外国人とどのようなつきあいがありますか。
　　□ない　　□顔見知り程度
　　□名前を互いに知っていてことばを交わす程度　　□遊びに行く
　　□二人でいても緊張しない　　□その他（　　　　　　　　）

2 もっと深くつきあいたいと思ったことはありますか。

3 外国人と友達になったり，恋愛をしたりしたら，どんなことが楽しそうだと思い
　　ますか。またどんなことがたいへんそうだと思いますか。

活動 A：友情を深める

||||||||||||||||||||||||||||||||||||||||||||||||||||||||||||||||||||||||||||||||||||||||||||||||||||||||||||||||||||||||||||

日本に外国人が数多く在住するようになって，多文化社会が進んでいる地域で育った人にとって外国人はめずらしくないでしょう。しかし，クラスメイトとして一緒に学んでいても個人的に親しくつきあった経験がない人も多いのではないでしょうか。また，外国人との接触が少なかった場合は，友達といえるほどのつきあいはなかったことでしょう。同じ生活圏内に暮らしていても，かかわることなく生活をするのではなく，同じコミュニティの住人同士としてかかわりあって生きていくことがこれからのグローバル社会に求められることです。

学内に留学生がいることを知っていても，親しくなる機会をつくれずに過ぎてしまうことがあります。せっかく日本に学びに来ているのに，日本人の輪にうまく入れずに，留学生同士が固まってしまうこともあります。「外国人と友達になる」――ちょっとおもしろそうで，視野も広がりそうです。友達になり，友情を深める活動をしてみましょう。

1）連絡先を交換する　　まずは教室に留学生がいる場合は，近くの席に座り，日本語で声をかけてみましょう。外国人だからといって英語やほかの言語を無理に使う必要はありません。日本語で何気ない会話を楽しみながら，自己紹介をしましょう。気が合ったら，友達になりたい意思を伝えて連絡先を交換してみましょう。ソーシャル・ネットワーキング・サービス（SNS）が発達している現在，つながることは簡単です。自分の端末をとおして外国人の友達とつながっていると外国のことばを使って挨拶をするなどといった楽しみも増えます（☞ SNS のマナーについては p.4 の「1 回限りの交流にしないために」を参照）。

2）一緒に何かをする　　授業のグループワークや課題を一緒にやってみましょう。目標がはっきりした場面なので，意見を出しやすく，助け合うことが可能となります。一緒に課題に取り組むことで，表面的なつきあいでは生まれない信頼や相手への理解を深めることができます。

また，一緒に昼食を食べたり，学校から帰る際，駅まで一緒に行ったりすることも一つの方法です。最初は交流の時間を限定することで，このあとどうしよう，といったストレスを感じずに，何気ない時間を楽しみながら，互いの性格や生活が垣間見えることでしょう。

3）一緒に出かける　　親しくなってきたら，どこかに一緒に出かけてみましょう。まず，待ち合わせの苦労があるかもしれません。日本に来て日が浅い外国人にとって，待ち合わせの場所を理解するのが難しい場合もあります。待ち合わせの時間に，相手は遅れてくるかもしれません。約束の時間が過ぎてから「行けなくなった」と連絡が入ってがっくりするかもしれません。日本人同士が普段いかに共通の感覚のもとで物事を進めているのかを感じることでしょう。

　たとえば，映画を見て意見交換をする，デパートの地下の食品売場を一緒に歩く，相手の国の料理を食べに行く，花火大会に行くことなどが考えられます。Chapter 1 のような国際交流協会などのイベント参加では，基本的に世話をしてくれる人がいて，楽しみの場が提供されます。しかし，こうした個人のつきあいの場では，その場をつくるのは自分たちです。きっといろいろな考え方や振る舞いの相違を発見することでしょう。キャンパスのなかでは体験できない異文化交流ができます。食事中の振る舞い（残す／残さない），テーブルマナー（そのテーブルマナーはあり／なし）など，異文化，自文化を見直す機会になります。

　こうした外出を重ねて，「知り合い」から「友人」になったとき，外国人と過ごす時間の価値や経験の大きさを実感できるでしょう。

　4）友達の輪を広げる　　友だちの関係性は 1 対 1 である必要はなく，むしろ友だちの輪が広がったほうが，「その国の人」というステレオタイプな見方にならずにすみます。日本人にもいろいろ違いがあるように，外国人も多様です。相手の友だちのネットワークがみえてくると，人柄や価値観など人間性もみえてきます。

✎ ワークシート 3-1【一緒に出かける計画を立てよう】

▶**日時・場所**

日　　時：＿＿＿＿＿＿＿　　行く場所：＿＿＿＿＿＿＿＿＿＿＿＿＿＿＿＿＿＿＿

待ち合わせ場所：＿＿＿＿＿＿＿＿＿＿＿＿＿＿＿＿＿＿＿＿＿＿＿＿＿＿＿＿＿＿＿

▶**想定される楽しい場面**

① ＿＿＿＿＿＿＿＿＿＿＿＿＿＿＿＿＿＿＿＿＿＿＿＿＿＿＿＿＿＿＿＿＿＿＿＿＿

② ＿＿＿＿＿＿＿＿＿＿＿＿＿＿＿＿＿＿＿＿＿＿＿＿＿＿＿＿＿＿＿＿＿＿＿＿＿

③ ＿＿＿＿＿＿＿＿＿＿＿＿＿＿＿＿＿＿＿＿＿＿＿＿＿＿＿＿＿＿＿＿＿＿＿＿＿

④ ＿＿＿＿＿＿＿＿＿＿＿＿＿＿＿＿＿＿＿＿＿＿＿＿＿＿＿＿＿＿＿＿＿＿＿＿＿

▶**想定される困りそうな場面**

① ＿＿＿＿＿＿＿＿＿＿＿＿＿＿＿＿＿＿＿＿＿＿＿＿＿＿＿＿＿＿＿＿＿＿＿＿＿

② ＿＿＿＿＿＿＿＿＿＿＿＿＿＿＿＿＿＿＿＿＿＿＿＿＿＿＿＿＿＿＿＿＿＿＿＿＿

③ ＿＿＿＿＿＿＿＿＿＿＿＿＿＿＿＿＿＿＿＿＿＿＿＿＿＿＿＿＿＿＿＿＿＿＿＿＿

④ ＿＿＿＿＿＿＿＿＿＿＿＿＿＿＿＿＿＿＿＿＿＿＿＿＿＿＿＿＿＿＿＿＿＿＿＿＿

◈ ワークシート 3-2【振り返り】

▶一緒に出かけてみて学んだこと・気づいたこと

_____

_____

_____

_____

_____

_____

_____

_____

▷さらに活動を広げるヒント ─────────────

・友情を深めるために外国人が多く滞在するシェアハウスに一緒に泊まりに行く

・自分の友達に紹介すると同時に，相手の仲間にも紹介してもらう

✎ Memo ─────────────

活動 B：国際恋愛，国際結婚について考える

‖‖‖

　人は自分にない魅力を相手に感じたとき，その人ともっと一緒にいたいと思うものです。外国人の異性に好意を感じるとき，それは「外国人」であることへの魅力でしょうか。それともその人そのものの魅力でしょうか。おそらく両方でしょう。外国人を好きになったときに感じるトキメキは，自分とは異なる要素をたくさん感じていることによるものではないでしょうか。ここでは国際恋愛，国際結婚について考えてみましょう [1]。

　1）恋愛対象として好きになる　　　恋愛対象としての外国人の魅力についてペアかグループで話してみましょう（相手のイメージを具体的にあげながら話すとよいでしょう）。

Memo

　2）友達以上恋人未満　　　友人としての関係が深まり，カップルとして「つきあう」ことを考えるかもしれません。そのつきあいは日本人同士と同じでしょうか。異なるでしょうか。「外国人は告白ってないの？」「デートはどこに行く？」「デートで割り勘？」「つきあうってどこから？　宗教上のルール？」など戸惑うことがたくさん出てくるでしょう。それも相手との距離を縮めるトキメキとして楽しむことができるでしょう。

　さて，自分と相手の行動スタイルが合わないとき，「外国人だから仕方ない」と諦めますか？　それとも互いを理解し合うために，伝える努力をしますか。考えてみてください。

　3）恋愛をする・想像してみる　　　仮に外国人と恋愛をしていると仮定して，シミュレーションシートを活用して話し合ってみましょう（☞次頁のワークシート 3-2【国際恋愛・国際結婚シミュレーション】の恋愛シミュレーション）。

1）恋愛・結婚は異性間のみのことではなく，海外では先進国を中心として 20 か国を超える国で同性婚も制度化されています（日本国内では制度化されていませんが，外国人と同性婚をしている日本人もいます）。このワークをおこなう際は，それぞれで発想しやすい形の恋愛・結婚を想定してください。

4）国際結婚を想像してみる　　　恋愛の段階では楽しいことがたくさんありますが，結婚の段階になると，日本人同士の結婚よりも乗り越えなければならないことが多くあります。国際結婚のよいところとたいへんなところはどこでしょうか。仮に，恋愛時期を経て外国人と結婚をすると仮定して，以下のシミュレーションシートを活用して話し合ってみましょう。

◈ ワークシート 3-2【国際恋愛・国際結婚シミュレーション】

・シートに記入したら，ペアかグループで答えを比べて，Yes/No と答えた理由も話し合いましょう。
・シミュレーションで出た意見を外国人の教員に示し，コメントをもらってみましょう。

▶恋愛シミュレーション

①日本人大学生同士の恋愛と，日本人学生と外国人学生の恋愛は同じだと思う・・・・・・・・・Yes　／　No

②相手がタトゥーをしていたら隠してもらう・・・・・・・・・・・・・・・・・・・・・・・・・・・・・・・Yes　／　No

③親に紹介する・・・Yes　／　No

④相手の国の料理を覚える・・Yes　／　No

⑤相手の国の家族や友人が日本にやってきて 10 日間泊めてほしいと言われたら受け入れて合鍵を渡す
・・・Yes　／　No

⑥相手が自分の国の流儀で友達の前であなたにキスをしてきたら，文化としてそのまま受け入れる
・・・Yes　／　No

▶国際結婚シミュレーション

①自分の親は外国人との結婚をすぐに受け入れると思う・・・・・・・・・・・・・・・・・・・・・Yes　／　No

②結婚相手の国で暮らしたい・・Yes　／　No

③結婚相手の国の言葉を覚えて，相手の親類・友達と話せるようにする・・・・・・・・・・Yes　／　No

④結婚相手の親の介護も引き受ける覚悟がある・・・・・・・・・・・・・・・・・・・・・・・・・・Yes　／　No

⑤子育ては日本語でおこなう・・Yes　／　No

⑤結婚相手の宗教に入信してほしいと言われたので入信する・・・・・・・・・・・・・・・・・Yes　／　No

⑦結婚相手の国の法律を勉強する・・・・・・・・・・・・・・・・・・・・・・・・・・・・・・・・・・・・Yes　／　No

テーマをより深く理解するための
ブックリスト

　Chapter 3のテーマや活動の意義をより深く理解するための書籍を紹介します。クラスの
レポートや卒業論文のテーマとして，そして国際交流の調査をおこなう際にも参考になるで
しょう。

◎活動A：友情を深める

①石井　敏・久米昭元・長谷川典子・桜木俊行・石黒武人（2013）.『はじめて学ぶ異文化コミュニケーショ
　ン──多文化共生と平和構築に向けて』有斐閣

　自分と他者を理解するために，多文化社会に生きる現代の学生・社会人にとって必要な異文化コミュニ
ケーションの知識と考え方を提供しています。

②高城　玲［編著］（2017）.『大学生のための異文化・国際理解──差異と多様性への誘い』丸善出版

　文化人類学による異文化理解の視点と国際関係論を主とする国際理解の視点を軸に，自文化における身近
な他者理解にも注目しています。

◎活動B：国際恋愛，国際結婚について考える

①国際結婚を考える会［編著］（2002）.『国際結婚ハンドブック──外国人と結婚したら……』明石書店

　外国人との結婚・離婚に関する便利な情報のほか，外国人が受けられる社会保障や公的制度，利用しやす
い病院，ビザや国籍などについてまとめています。

②小栗左多里（2002）.『ダーリンは外国人──外国人の彼と結婚したら，どーなるの？　ルポ。』メディアファ
　クトリー

　米国人と結婚したことによる文化や考え方の違いをユーモアを交えて描いています。「外国人のヘンなと
ころ」だけでなく，「外国人から見た日本人のヘンなところ」も考えることができます。

③嘉本伊都子（2008）.『国際結婚論!?　現代編』法律文化社

　現在の日本の国際結婚はどのような状態にあるかを統計データなどを用いながら説明しています。

④ペート・バックハウス（2013）.『国際結婚家族のお受験体験記』明石書店

　日本で暮らすドイツ人の著者が，子どもを日本の名門小学校に「お受験」させることに……。ドイツ人の
父と日本人の母とその子どもという国際結婚家族が悪戦苦闘の末に「お受験」を乗り切るまでの1年間の
体験記です。

応用調査

　本章の活動は，外国人と個人的な関係を深める最初のステップとして紹介しましたが，こ
れらのテーマをさらに深く掘り下げて，学期末のレポートや卒業論文などに発展させること
もできます。

◎活動 A：「友情を深める」の発展調査例

①日本の大学生の外国人の「友人」とのつきあいに関する実態調査

　日本の大学生は，外国人の「友人」が何人程度いて，どこで友達になったのか，どんなことをして一緒に
過ごすのかを調査してみましょう。友人として過ごすなかで驚いたエピソードを集めることもできます。

②日本の学生の外国人との交流場面の分析

　①で明らかになった「友人」としての交流場面について，視点を立てて分析してみましょう。日本人学生
と外国人の交流場面には，何か傾向があるのか，日本人同士の友人づきあいとの差異はあるのか，検討し
てみましょう。経済的視点（食事の支払いなど），道徳的観点（公共の場での振る舞い，物の貸し借りな
ど），世代的観点，ジェンダーの観点，宗教的観点など，検討のための視点を立てるのも調査の一環です。

◎活動 B：「国際恋愛，国際結婚について考える」の発展調査例

①日本の大学生が「国際恋愛」にもつイメージと事例収集

　「国際恋愛」への学生の関心（興味がある，興味がない）や，イメージ（素敵，かっこいい，たいへんそう，
面倒が多そうなど）に関する調査をおこなうことも可能です。そのイメージはどこからきているのでしょ
うか。テレビドラマや映画でしょうか。また，実際に国際恋愛をしているカップルにインタビューをして，
国際恋愛だからこそ起こる出来事（よいことも困ったことも）などの事例を集めてみましょう。

②多文化社会日本における国際結婚の課題

　日本における国際結婚の様子を統計や事例から検討してみましょう。欧米やアジアなどどこの国や地域の
人との国際結婚が多く，どの都道府県や地域でその割合が高いのでしょうか。その理由を推測して，文献
で調べてみましょう。また，結婚の手続き，出生届，財産保有，戸籍，就学，選挙権，離婚など法律の観
点から調べてまとめてみましょう。自分が住んでいる自治体の国際結婚にかかわるデータや，日本人と結
婚する外国人へのサポートなどについても調べてみましょう。

Chapter 4

案内する

【問　　い】

1 あなたの住んでいる場所や通っている大学の近くには，外国人が頻繁に訪れる観光地がありますか。外国人にとってその観光地の魅力は何だと思いますか。
〈参考ジャンル〉
□歴史・文化／名所・旧跡　　□自然景観・景色
□グルメ・買い物（場所）　　□エンターテイメント／テーマパーク
□その他（　　　　　　　　　　　　　　　　　　　　　　　　）

2 ガイドブックには載っていないけれども外国人に紹介したい場所（穴場）がありますか。あれば，紹介したい点は何ですか。

活動A：クラシック・ジャパンを案内しよう

|||||||||||||||||||||||||||||||||||||||||||||||||||||||||||||||||||||||||||||||||||||||||||||||||||||||||||||||||||

　2010年代初頭以降つづく円安や，格安航空会社の就航数増加に伴う航空運賃の低下，中国人のためのビザ緩和，政府・民間企業による活発な訪日促進キャンペーンなどがあり，日本に来る外国人旅行者は年々増加しています（☞「はじめに」(pp.i–ii)）。こうした外国人観光客や留学生たちは日本のどのような観光地を訪れるのでしょうか。外国人に人気のある観光地についてはさまざまな統計が存在し，それらは少しずつ異なりますが，あるランキングを例示した表 4-1 にあるように，おおむね神社仏閣が多く，そこに資料館・美術館といった展示施設や公園がまざるという傾向があります。また，これらの歴史的建造物や施設は四季を通じて楽しめるという共通点もあるようです。

　表 4-1 の項目から二つ選び，なぜ人気があるのか，インターネットで外国人の旅行の口コミ情報を調べてみましょう。

表4-1　外国人に人気の日本の観光スポット [1]

順　位	名　称	所在地
1位	伏見稲荷大社	京都府京都市
2位	広島平和記念資料館 （原爆ドーム，広島平和記念公園）	広島県広島市
3位	宮島（厳島神社）	広島県廿日市市
4位	東大寺	奈良県奈良市
5位	新宿御苑	東京都新宿区
6位	兼六園	石川県金沢市
7位	高野山（奥之院）	和歌山県高野町
8位	金閣寺	京都府京都市
9位	箱根彫刻の森美術館	神奈川県箱根町
10位	姫路城	兵庫県姫路市

◈ ワークシート 4-1【外国人に人気の日本の観光スポットについて】

▶スポット①

場　　所：＿＿＿＿＿＿＿＿＿＿＿＿＿＿＿＿＿＿＿

人気の理由：＿＿＿＿＿＿＿＿＿＿＿＿＿＿＿＿＿＿＿＿＿＿＿＿＿＿＿＿＿＿＿＿＿＿＿＿＿＿＿

＿＿＿

▶スポット②

場　　所：＿＿＿＿＿＿＿＿＿＿＿＿＿＿＿＿＿＿＿

人気の理由：＿＿＿＿＿＿＿＿＿＿＿＿＿＿＿＿＿＿＿＿＿＿＿＿＿＿＿＿＿＿＿＿＿＿＿＿＿＿＿

＿＿＿

---

1) 出典：トリップアドバイザー「旅好きが選ぶ！　外国人に人気の日本の観光スポット ランキング 2018」
〈https://tg.tripadvisor.jp/news/ranking/best-inbound-attractions/（最終閲覧日：2019年3月27日）〉

▷ 1日ツアーの企画・実施

　自分が住んでいる場所，あるいは通っている大学や学校の近くにある観光スポットにはどのようなものがありますか。みなさんのなかには子どもの頃にそうした観光スポットに出かけたことがあるという人もいるでしょう。しかし，異なる文化のなかで育った人と一緒に再訪すると，違った見方ができるかもしれません。また，観光スポットについて調べるなかでさまざまな発見をするかもしれません。ぜひ，これを機会に，自分自身でも出かけてみて，日本の魅力を再発見してみましょう。

　1) 近隣の観光スポットを特定する　　インターネットで情報収集するだけでなく，自分が住んでいる場所，あるいは通う大学や学校の近隣地域にある観光振興施設に出かけてみましょう。そして，そこでパンフレットなどの資料を入手し，どのような観光スポットがあるのか，どのように紹介されているのかを確認しましょう。また，自分で街を歩き，ガイドブックにはないけれども紹介したい場所，コト，モノを考えてみましょう（☞ Chapter 8 活動 B「留学生と共に地域の魅力を取材し，外部に発信する」(pp.71-72)）。

　2) 訪問する観光スポットを特定し，詳しく調べる　　近隣にどのような観光スポットやユニークな場所があるのか，だいたいわかったあとは，情報を収集して，訪ねてみたい場所をいくつか選び出しましょう。そして，選び出した場所に関連する書籍や雑誌を図書館などで入手するなどして，さらに詳しく調べ，まとめてみましょう。

　3) 1日ツアーを企画する　　訪問場所が決まったら，訪問の順番を決めて，1日ツアーを企画してみましょう。案内する外国人の興味関心はさまざまですので，相手のニーズに合わせた準備が必要です。可能であれば，外国人のツアー参加者に企画段階から参画してもらうと相手のニーズを取り入れたツアーを計画できるでしょう。

〈計画段階のチェックポイント〉
□参加者の興味・関心・要望・背景（言語，年齢層）・参加人数
□こちらの提案と相手の関心とのマッチング（企画段階から外国人参加者がかかわるとよい）
□所要時間
□費用（入館料，移動費，現地での食事など）
□移動手段
□多言語対応（必要に応じて自分たちでサポート）
□企画・運営する側の体制（一人で背負わないで分担する）

✎ ワークシート4-2【1日ツアーの計画表】

時　刻	場所・内容	説明のポイント	注意事項（費用を含む）
時　　分			
時　　分			
時　　分			
時　　分			
時　　分			
時　　分			
時　　分			
時　　分			

4）下見をする　　　案内する場所は必ず事前に出かけてチェックしておきましょう。そして，下見の際に，説明する内容を整理し，練習しておきましょう。

〈下見のチェックポイント〉
□混んでいる時間帯　　□効率的な移動方法　　□撮影ポイント　　□トイレの場所
□買い物や食事の場所　　□説明する場所　　□その他（　　　　　　　　　　　）

5）ツアーを実施し，振り返る　　　以上のようなステップを踏んで十分な準備をして，ツアーを実施します。当日は，ツアーの途中ではぐれるといった，予期しないことも起こることがあります。1日のはじめにツアーのスケジュール概要を説明したり，連絡先の交換をおこなったりしましょう。ツアーの最後には，観光スポットをまわって，それぞれがどのように感じ，何を学んだのか，参加者同士で振り返りをしましょう。

▷１日ツアー企画・実施のヒント

　以下の点に気をつけて企画・実施しましょう。「ツアー」や「旅」と呼ばれるものは偶然による「出会い」「発見」も楽しみの一つですが，入念に準備したツアーには準備したからこそ得られる，さまざまな学びがあります。

　１）地域資源を活用しよう　　　各自治体の観光振興施設には，地域を愛し，その地域の歴史・文化に精通した郷土史家たちが作成した資料も置いてあるかもしれません。参考にしましょう。また，無償のボランティアが外国語で案内する場合もありますので，お話をうかがってみましょう。自分が住み，学ぶ地域の資源についての理解が深まるとともに，ツアーがより楽しくより深い学びをもったものになります。

　２）観光スポットをより広く考えよう　　　最近では，従来のマスツーリズムではなかったものに触れたい，自然の保護に関心があるといった新しいニーズが観光客のなかにみられるようになっています。また，人口の減少や高齢化，地域経済の衰退といった背景から，自治体やNPOのなかにはこれまで利用されていなかった里山の風景や文化を観光資源化しようとする動きが活発化しています。１日ツアーを企画・実施する際には，こうした最近の変化を踏まえ，より広い視野をもって観光スポットを選び出すようにしましょう。

　３）体験的要素を組み込もう　　　ツアーは，必ずしも観光スポットを「見る」，その説明を「聞く」というだけではありません。伝統工芸品などの作成過程の一部を「体験」できる施設も増えてきています。体験を通じて，何気なく見ている伝統工芸品が非常に複雑な思考と精巧な技術に支えられていることを学ぶことができます。体験型のツアーは，視覚・聴覚以外の感覚に訴えるものでもあり，より多角的・重層的に文化を味わい，考え，理解することにつながります。

　４）振り返りをおこなおう　　　振り返りは，ツアーを企画・実施することと同じように，「ツアー」を構成する重要な部分です。特に異なる文化のなかで育った人と共におこなう振り返りは，普段は気づかないことを気づかせてくれます。外国の人の「私の国の＊＊に似ている」というコメントを聞いて調べてみると，日本「独自」の文化だと広く信じられてきたことが，実は，昔，日本と近隣諸国とのあいだでおこなわれていた豊かな異文化交流の結果であり，近隣諸国の文化と多くの共通点をもつことを理解するきっかけを得ることができます。

４

活動 B：モダン・ジャパンを案内しよう

||||||||||||||||||||||||||||||||||||||||||||||||||||||||||||||||||||||||||||||||||||||||||

　活動 A で記したような，日本の歴史的建造物などをめぐるツアーの企画・実施は，日本で育った者にとっても自文化の魅力を探求したり，自分が住み，学ぶ地域の資源を再発見したりする，貴重な機会を提供してくれるものです。

　一方，「文化」にはヒエラルキー（階層）というものがあります。歴史的建造物や，これらを舞台として発展してきた茶道や華道，伝統工芸品などは，その文化のヒエラルキーの上方に位置する「ハイ・カルチャー」と呼ばれるものです。外国人のための日本文化体験プログラムでは，こうしたハイ・カルチャー（伝統文化紹介）に重点が置かれることが多いのですが，それだけでは必ずしも日本の「文化」を理解したことにはなりません。「文化」という複雑な現象を単純化・固定化して紹介しすぎると，ステレオタイプを強化することにつながることもあります。

　したがって，本書では，外国人がハイ・カルチャーだけでなく，アニメやマンガなどの「サブ・カルチャー」にも触れるツアーを企画・実施することを通じて，案内する側・される側双方が，可能な限り複眼的に「文化」を眺め，理解することをすすめます。これを仮に「モダン・ジャパン」と呼ぶことにします。

　表 4-2 は，モダン・ジャパンを発見・検討するため，訪問可能なサブ・カルチャーに関する観光施設の例をあげたものです。訪問先を検討する際の参考にしましょう。

　世界的に人気のあるアニメやマンガに関連する場所を訪問したいと考えている外国人もたくさんいます。アニメやマンガ作品と関連する場所を調べてみましょう。

表 4-2　サブ・カルチャー関連の文化施設

名　称	所在地
三鷹の森ジブリ美術館（宮崎アニメ）	東京都三鷹市
京都国際マンガミュージアム	京都府京都市
川崎市 藤子・F・不二雄ミュージアム（ドラえもんなど）	神奈川県川崎市
サンリオピューロランド	東京都多摩市
サンリオハーモニーランド	大分県速見郡
東京ディズニーランド	千葉県千葉市
水木しげる記念館・水木しげるロード	鳥取県境港市
ユニバーサル・スタジオ・ジャパン	大阪府大阪市

◈ ワークシート 4-2【アニメやマンガ作品に関連する場所】

例：秋葉原（アニメ全般），飛騨高山・東京四谷（『君の名は』），鎌倉江の島（『SLAM DUNK』）

_____

_____

_____

_____

▷ツアーの企画・実施

　活動Bにおいても，ツアーの企画・実施は，基本的には活動Aと同じく「観光スポットの特定」「観光スポットの選び出し・詳細調査」「ツアーの企画」「ツアーの実施・振り返り」という四つのステップを踏みますが，この活動Bのために特記すべきことは以下のとおりです。

　1）近隣にあるサブ・カルチャーに関連した場所を探す　　国内においてサブ・カルチャーを学ぶ観光スポットは，前頁の表4-2にもあげたように，さまざま存在します。アニメ，マンガのモデルとされる場所を訪問する人びとも増えています。近年，アニメツーリズム協会も設立され，「聖地」と呼ばれる場所が全国で88か所も指定されています。自分が住む場所，あるいは通う大学や学校からアクセスが可能な「聖地」があるかどうかを確認しましょう。また，「聖地」というほど有名ではないにしても，地域によっては，メイドカフェなど，サブ・カルチャーに関する商業施設も存在します。このような商業施設も，料金などを調べたうえで観光スポットに含めて考えてもよいかもしれません。まず，みなさんの住んでいる地域や大学，学校の周辺でアニメ・マンガなどのサブ・カルチャーと関連した場所を調べてみましょう。また地域のサブ・カルチャーと関連したイベント，観光振興についても調べてみましょう。

　2）ツアーを企画する　　情報を集めたら，次はツアーを企画してみましょう。活動Bにおいても，活動Aと同様，案内する相手の興味関心を聞き，できればツアーの企画段階から参加してもらうようにしましょう。活動Bにおいては，地域によってそれほど多くの観光スポットが存在するわけではないので，数時間のツアーを企画するとよいでしょう。

　3）ツアーを実施し，振り返る　　以上のようなステップを踏み，十分な準備をしてからツアーを実施します。上述のとおり，ツアーは1日すべてを使っておこなうものではないため，ツアーの最後におこなう振り返りには，より多くの時間を使って，観光スポットのテーマとなっているサブ・カルチャー作品の何が人を惹きつけるのか，その作品自体の魅力や社会的背景などについて，参加者同士で議論をしてみましょう。

4

ブックリスト

　Chapter 4 では，外国人を「案内する」という国際交流活動のやり方をいくつかのステップに分けて説明しました。以下では，そこでの学びを広げ，深めるのに役立つ書籍を紹介します。

◎活動 A：クラシック・ジャパンを案内しよう

① 観光力推進ネットワーク関西・日本観光研究学会関西支部［編］(2016).『地域創造のための観光マネジメント講座』学芸出版社

　昨今では，観光振興施設を設けて地域の活性化を図ろうとする動きが各地で活発化しています。本書は，そうした最近の動きを踏まえ，地域の資源を探し，その魅力を磨き，それをどうツアーに仕上げていくのかを解説しています。「ニューツーリズム」や「着地型観光」など，ツーリズムとその変化の基本を確認することにも本書は役立ちます。

② 山崎　亮 (2011).『コミュニティデザイン──人がつながるしくみをつくる』学芸出版社

　本書は，ツアーをどうつくるかということそのものを解説した本ではありません。疲弊する日本の地域コミュニティの現状とその改善策を，豊富な事例を使って考えさせてくれる本書は，歴史的建造物などの見えやすい資源だけではなく，むしろ「人のつながり」という見えにくい地域資源こそ重要であることを伝えてくれています。

◎活動 B：モダン・ジャパンを案内しよう

① 櫻井孝昌 (2009).『アニメ文化外交』筑摩書房

　サブ・カルチャーと呼ばれるものにはさまざまなジャンルがあります。そのうち，アニメを取り上げた本書は，とくにその前半部分において，アニメが海外の人びととにどのように受け取られ，いかに広範囲で深い影響を与えているのか，著者自身が数多くの国で得てきた経験にもとづいて説明しています。（外交戦略としての有効性はさておき）アニメは「しょせん子どもが見るもの」ではなく，国際交流にとっても重要なツールであることがわかります。

② 山田　拓 (2018).『外国人が熱狂するクールな田舎の作り方 』新潮社

　岐阜県の飛騨市に，世界 80 か国から毎年数千人の外国人観光客を集める人気ツアーがあります。その最大の売りは「なにげない里山の日常」です。小学生のランドセル姿に，カエルの鳴き声の響く田んぼに，蕎麦畑のなかに立つ古民家に，外国人観光客は感動します。なぜ，何もない日本の田舎が「宝の山」になるのか考えてみるのもおもしろいでしょう。

応 用 調 査

　Chapter 4 では，異文化や自文化について学ぶために，外国人を「案内する」という国際交流活動を提案しました。今後，その学びをより深めることのできる取り組みや調査を以下に例示します。

◎活動 A：「クラシック・ジャパンを案内しよう」の発展調査例

①日本文化に対するイメージの整理と分析

　1 日ツアーを企画・実施し，その後，振り返りをおこなって得られた学びについては，ぜひ整理し文章化しておきましょう。案内する前後で，外国人が日本文化に関してもつイメージの変化，そして，みなさん自身が自文化に関してもつイメージに生じた変化を記録することは，今後，さまざまな調査研究につながるからです。なお，その際，どうしてそのような変化が起きたのか，なぜある特定のイメージや「思い込み」を日本文化に対して抱いてきたのか，考えてみましょう。

②自治体の関連施設の評価

　もう一つの応用調査として，地域の活性化を目指す自治体の指針・施策，その一環として設置された観光振興施設の評価というものがあります。実際，1 日ツアーを企画するうえで訪れた観光振興施設はどのくらい使いやすかったでしょうか。必要な情報はどのくらい入手できたでしょうか。一人あるいはグループで議論し，その結果を提言書にまとめ，もっといえば，自治体関係者からその提言書に関してコメントを得るという作業は，みなさんにさらなる学びをもたらしてくれるでしょう。

◎活動 B：「モダン・ジャパンを案内しよう」の発展調査例

①外国人がアニメに求めるものとその背景に関する考察

　2010 年代はアニメツーリズムの時代であるともいわれますが，その実態はまだよくわかっておらず，これから調査研究が必要な新しい領域です。ツアーの結果，参加した外国人がどのようなことを感じ考えたのかを整理し，それをもとにして，インタビュー項目を考え，外国人がアニメに何を求めているのか，どのようなツアーがそのニーズに応えられるのか，実際にインタビューし考察してみるとおもしろいでしょう。

②外国人が日本の日常に求めるものとその背景に関する考察

　体験型ツーリズムがインバウンドの外国人には好評を得ているようです。食べる，住む，暮らす，何気ない日本の日常がなぜ外国人に好評なのでしょう。ツアーに参加した外国人がどのようなことを感じ考えたのかを整理し，それをもとにして，インタビュー項目を考え，ニーズについて実際にインタビューし考察してみるとおもしろいでしょう。

Chapter 5

一緒に見る・知る

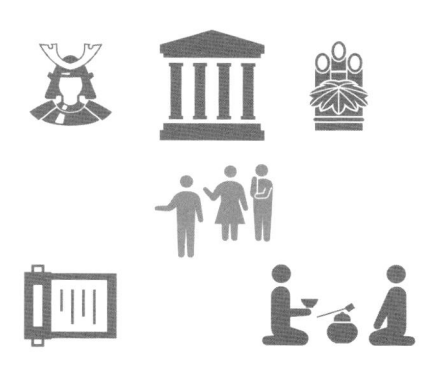

【問　い】

❶ あなたは自分の住んでいる地域で以下のような文化施設に行ったことがありますか。
□博物館・美術館　　□動物園・植物園・水族館　　□劇場
□競技場（例：野球やサッカーのスタジアム）
□テーマパーク（例：ディズニーランド，ユニバーサル・スタジオジャパンなど）
□その他（　　　　　　　　　　　　　　　　　　　　　　　　　　　）

❷ 外国人と一緒に行くとしたら上記のなかでどのような施設がよいと思いますか。理由は何ですか。

❸ 外国人と一緒にその施設を訪問するうえで，どのような準備をするとよいと思いますか。具体的に考えてください。

活動 A：博物館などに外国人を案内する

‖‖‖

　みなさんの住んでいる地域の歴史や文化，人びとの生活などを外国人に知ってもらうきっかけとして，かれらを誘って博物館や資料館などの文化施設を訪れてみましょう。

　文化施設を案内するためには，みなさん自身がその施設の下調べをして，展示品やイベントについて知ることが重要になります。そうした準備を通じてみなさん自身も地域の特色や魅力についてたくさんのことを学ぶことになるでしょう。また，反対に相手から出身地の歴史や文化について聞いたりすることで，文化の違いや共通性，文化間のつながりに気づくこともあるでしょう。

　博物館・資料館の魅力は，何といっても展示（モノ）です。地域の博物館には地域の歴史や文化を知る貴重な展示物のほか，人びとが日常的に使用してきた生活の道具なども展示されており，外国人が日本の生活文化を知る格好の施設です。

　また，近年は展示物に実際触れたり，展示物を使った「体験型」（ハンズオン型）の博物館のプログラムや文化イベントが増えたりしています。モノを媒介にした体験で相手との会話も弾みます。学芸員やボランティアとの出会いもあります。展示の説明を受けたり，かれらがおこなうワークショップに参加したりするのもよいでしょう。

　1）外国人を案内する文化施設を選ぼう　　　外国人留学生が多く訪問する博物館，資料館として，たとえば東京であれば江戸東京博物館，深川江戸資料館などがあげられます。みなさんの住んでいる地域の特色に応じて，博物館，テーマパーク，動植物園，劇場などさまざまな施設や文化イベントが考えられるでしょう。みなさんの地域で案内したい施設を調べ，計画表をつくりましょう。

◈ ワークシート 5-1 【訪問計画】

▶訪問施設名

_____

▶テ ー マ

_____

▶外国人に紹介したいモノ／コト

_____

▶チェックポイント

□開館日・時間　　□入館料　　□予約　　□説明の多言語表示　　□多言語のパンフレット
□多言語ガイドツアーの有無　　□多言語のイヤホンガイド　　□体験プログラムの有無
□写真撮影の許可　　□（　　　　　　　　　　　　　　　　　　）

　2）案内するための練習をしよう　　　訪問先の文化施設の下見に行き，紹介したいモノ・コトを選びましょう。そして，簡単な説明を練習しておきましょう。たとえば以下の展示品に関して，説明してみましょう（相手を想定してやさしい日本語や多言語で説明してみましょう）。

✎ ワークシート5-2【展示品をやさしい日本語で説明してみよう】

説明する相手：_____

　　　①　　　　　　　　　②　　　　　　　　　③　　　　　　　　　④

▷共修のヒント

　みなさんが展示物の説明をすべておこなおうとするのではなく，外国の人びとと対話しながら一緒にまわるとよいでしょう。展示を介してかれらの国や地域の生活や文化についても教えてもらいましょう。一緒にワークシートに記入しながらまわると話が弾むでしょう。博物館の作成したワークシートなどがあれば，それを活用することもできます（図5-1）。

　相手に応じてワークシートの日本語を調整したり，多言語化したりすることも大切です。図5-2（次頁）のようなシンプルなワークシートが応用範囲も広く，使いやすいでしょう。

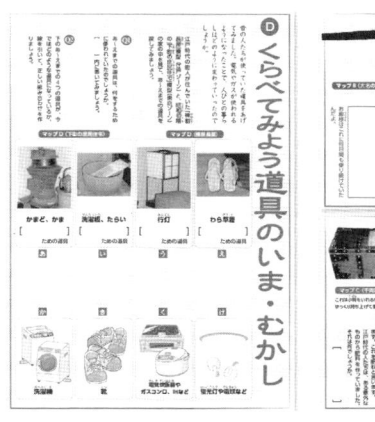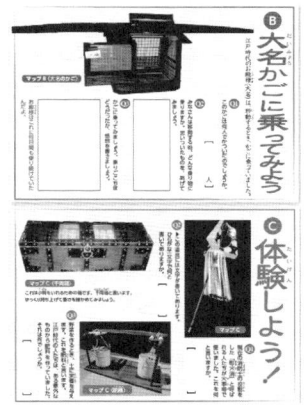

図 5-1　江戸東京博物館のワークシート例 [1]

1）江戸東京博物館の HP からダウンロード可〈http://www.edo-tokyo-museum.or.jp/p-exhibition/#anc04（最終閲覧日：2019 年 3 月 27 日）〉

	①作品名：
	②簡単な説明：
〈展示品の写真を入れる〉	③展示品を選んだ理由：
	④メンバー（日本の学生／留学生）のコメント：

図 5-2　シンプルなワークシート例

　3）実施後の対話と振り返り　　　ワークシートをもとに教室で参加者が感じたことの違いや共通点を話し合い，発表し，意見交換しましょう。同じ展示を見ても日本人と外国人で感じたことが違うかもしれません。日本人同士でも育った地域や背景によって感じ方はさまざまです。お互いの意見を出し合い，相手の立場に立って見たり考えたりすることで発見があるでしょう。

　もしワークシートがない場合は，印象に残った展示物の画像をアプリを使って共有し，お互いの選んだものにコメントをつけるなど，メンバーであらかじめ情報共有の方法を設定し，展示物を通じた対話を心がけましょう。SNS の画像やコメントは最終的にクラスでの振り返りや発表に活用するとよいでしょう。

　4）展示物を見てわかったことを作品にしよう　　　博物館で展示や体験活動をとおして外国人と対話することは，多文化交流にとって意義のあることです。博物館訪問後にその交流をさらに深めるために，博物館での活動をとおして調べたことを外国人と一緒に紙芝居，かるた，絵本，新聞，マンガなどの作品にして表現してみましょう。JICA 横浜海外移住資料館（横浜市）では，児童生徒が移民について学ぶための紙芝居やカルタを作成し，学校などに貸し出しているので参考にするとよいでしょう。

　5）展示物を見て感じたことを演じてみよう　　　また，展示物のなかで印象に残った作品を一つ選び，それを見て感じたことをベースに，グループでドラマ形式でストーリーをつくって，プレゼンテーションをしてみましょう。多様な言語文化的な背景をもったメンバーで一緒にストーリーを考えてプレゼンテーションすることは，コミュニケーションのトレーニングにもなります。

活動 B：博物館訪問で世界の文化や多文化共生を考える

IIIIIIIIIIIIIIIIIIIIIIIIIIIIIIIIIIIIIIIIIIIIIIIIIIIIIIIIIIIIIIIIIIIIIIIIIIIIIIIIIIIIIIIIIIIIIIIIIIIIII

　活動 B は博物館やテーマパークの訪問を通じてみなさん自身が海外の文化や多文化共生を学ぶことが主な目的となります。

　日本にある博物館・テーマパークのなかには，国立民族学博物館（大阪）や野外民族博物館リトルワールド（犬山）のような世界の各地の民族文化を展示した博物館，ハウステンボス（佐世保）や志摩スペイン村パルケエスパーニャ（志摩）のような特定の国を対象にしたテーマパークなどがあります。

　また，JICA 地球ひろば展示エリア（東京，札幌，名古屋）のような国際協力や持続可能な開発目標の課題を扱った展示室もあります。加えて，JICA 横浜海外移住資料館（横浜）や海外移住と文化の交流センター移住ミュージアム（神戸）のような日本人の海外移住をテーマにした博物館，在日韓人歴史資料館（東京）や神戸華僑歴史博物館（神戸）のような在日外国人の生活や文化をテーマにした博物館など，日本と世界の関係をテーマにした博物館・資料館もあります。これらは，異文化理解や多文化共生といった問題を考えることができる文化施設です。

　外国人とこのような博物館を訪れ，相手の出身国の文化について説明を聞いたり，博物館展示における異文化の表象のされ方を調査したり，地球的課題の解決に向けて何ができるかを話し合ったりするのもよいでしょう。加えて，日本の各地には，在日外国人をテーマにした博物館もあります。外国人がそれらの博物館を訪れることで，自身と同じルーツをもつ人びとが，歴史のなかでどのように日本に移住し，どのような生活を送ってきたかを知ることができます。それら在日外国人をテーマにした博物館には，学芸員やボランティアとして外国人が働いており，日本人学生にとってはかれらの話を聞くことで日本での外国人の生活を知る機会にもなります。

▷博物館訪問の際，意識するポイントの例[2]

　1）民族系博物館・テーマパーク　　　「異文化」がどのように表現されているか，自身の文化とどこが違い，どこが同じか，衣食住，宗教，言語，芸術，儀礼などに注目してみましょう。

　2）国際協力系の展示室　　　途上国にどのような課題があるか，日本は途上国にどのような協力をしているか，持続可能な開発目標（SDGs）に向けて日本や他国はどのような取り組みをしているか，などを意識して見てみましょう。

　3）移民系博物館　　　近代史のなかで日本人はなぜ海外に移民したのか，そこでどのような生活を送ったのか，世界の日系人は現在どのような生活を送っているのか，などに注目してみましょう。

2）活動シートと活動後の振り返りは本章活動 A を参照してください。

4）在日系博物館　　　　日本に外国人が暮らすようになった歴史的背景には何があるのか，かれらは日本でどのような試練に直面してきたか，私たちは在日外国人とどう共生したらよいか，などを意識して見てみてください。

▷応用活動

　外国にもさまざまなテーマの博物館やテーマパークがあります。夏休みや冬休みなどの長期休業日を使って海外の博物館にも訪れてみましょう。そこで日本がどのように表象されているかを調査するのも興味深いでしょう。海外体験への心構えや準備については Chapter 10 の「行けそうな気がする」を参照してください。

（国立民族学博物館収蔵）

学生名：	鈴木ようこ
1. 展示名：	骸骨人形（メキシコ）[3]
2. 説　　明：	メキシコでは，砂糖菓子やおもちゃ，飾りなどに骸骨が好んで取り上げられます。特に11月2日の死者の日を中心に，街にあふれます。死は日常生活の一部であり，親しみ深いものであるという考えにもとづいています。
3. 選んだ理由：	日本では，骸骨は怖いものですが，メキシコでは骸骨は日常生活の中で親しみやすいものだということで面白いと思って選びました。
4. 留学生のコメント：	（メキシコ出身のガブリエラ）私の国では骸骨は，ハロウィーンみたいなイメージです。日本では「お盆」ですね。確かに骸骨はちょっとこわいですが，私たちはよく骸骨に花の絵を描いたり，カラフルな色をつけたりして楽しく祝います。この骸骨たちもよく見ると，おもしろいでしょう？　メキシコに来たら骸骨はおみやげ屋にたくさんありますよ。

図 5-3　民族系博物館のワークシートの記入例（日本の学生と留学生の記入例）

3）骸骨人形「酒場で興じるトランプ遊び」〈http://www.minpaku.ac.jp/museum/exhibition/main/america/06（最終閲覧日：2019 年 4 月 17 日）〉

テーマをより深く理解するための

ブックリスト

　　以下，Chapter 5 のテーマや活動の意義をより深く理解するための書籍を紹介します。授業レポートや卒業論文でこのテーマを取り上げる際にも参考になるでしょう。

◎活動 A：博物館などに外国人を案内する

①小笠原喜康・チルドレンズ・ミュージアム研究会［編著］（2006）．『博物館の学びをつくりだす──その実践へのアドバイス』ぎょうせい

　本書は，博物館が，今の学校教育の行き詰まりを打開するきっかけになり，これからの社会に光る個性的な知を育む「楽校」になってほしいという願いに立って，博物館での学びの意義や可能性について，歴史博物館，科学館，美術館，動物園を例に具体的に論じています。博物館見学のためのワークシートのデザイン（☞ pp.39–40）を参考にして，外国人と一緒に博物館を訪れる際のワークシートを作成してみましょう。

②日本博物館協会［編］（2013）．『子どもとミュージアム──学校で使えるミュージアム活用ガイド』ぎょうせい

　本書は，学校教育における博物館活用の意義や博物館を活用した具体的な授業例を紹介しており，大学の多文化間共修の授業での博物館活用の参考にもなります。

◎活動 B：博物館訪問で世界の文化や多文化共生を考える

① G. E. ハイン／鷹野光行［監訳］（2010）．『博物館で学ぶ』同成社

　本書は，アメリカで博物館教育に携わってきた著者が，豊かな経験と膨大な事例研究にもとづいて，博物館における構成主義的学習論に立った効果的な実践法について丁寧に論じています。博物館での学びの意義を認識することによって，活動をさらに豊かにすることができます。

②中牧弘允・森茂岳雄・多田孝志［編著］（2009）．『学校と博物館でつくる国際理解教育──新しい学びをデザインする』明石書店

　本書は，世界の諸民族の社会と文化を展示，研究する日本最大の博物館である国立民族学博物館を例に，国際理解教育における博学連携の意義と可能性について，その理論，授業実践，教員研修の検討をとおして明らかにするとともに今後の実践的課題についても議論しており，大学における博学連携を考えるヒントを与えてくれるでしょう。

応用調査

Chapter 5 の活動は，博物館を活用した異文化間共修の最初のステップとして紹介しましたが，これらのテーマをさらに深く掘り下げて，学期末のレポートや卒業論文などに発展させることもできます。

◎活動 A・B 共通の発展調査例

①博物館における多文化の「対話的鑑賞」の調査

博物館では知識の一方的な提供ではなく，参加者との対話的鑑賞が重視されるようになってきています。博物館では作品を媒介としてどのような多文化間のコミュニケーションがとられるのでしょうか。そしてそこにはどのような教育的な効果があるのでしょうか。博学連携の多文化対話のための教育デザインを調査し，その効果を明らかにすることは，今後の国際理解教育に貢献することにつながるでしょう。

②博物館のワークシートデザインの分析

活動 A ではワークシートのアレンジについて述べていますが，ワークシートを通じて多様な言語文化的な背景をもつ人びとと対話するためには，どのようなシートのデザインが適しているのでしょうか。また，ワークシート以外の方法で，参加者はどのような方法で情報をシェアしたりコメントを交換できるのでしょうか。SNS などでの情報共有と対話の実態も分析してみましょう。

③訪日外国人の日本の博物館に関する満足度調査

観光庁の 2017（平成 29）年調査報告書によると，博物館・美術館の外国語での対応が不十分であることが指摘されています（言語が通じるスタッフ，展示物の解説，館内表示，ウェブサイトなど）。また，外国人が魅力的に感じるような体験プログラム，ワークショップも求められています。博物館などがどのように取り組んでいるのか，そして外国からの訪問者がそうした取り組みをどのように感じているのか，調査してみましょう。

④博物館で鑑賞した作品を別の形で表現することの教育的効果を調査する

本章活動 A で博物館訪問後に交流を深める活動として，外国人と一緒に紙芝居，かるた，絵本，新聞，マンガなど，さまざまな作品にして表現すること，また作品を芝居で表現する方法について述べています。作品を見て感じたことにもとづいて，グループ間でディスカッションし，それを表現することにはどのような教育的な効果があるのでしょうか。具体的なプロセスのデータ，参加者の声を集めて分析してみましょう。こうした調査は博物館などの文化施設を通じた国際理解教育のデザインを考えるうえで役立つでしょう。

Chapter 6

もてなす・泊める

【問　い】

1 外国人に対する「おもてなし」として，自分の住んでいるところに招いて一緒に料理をしたり，泊めたりすることをどう思いますか。
　　□楽しそう　　　□相手と仲良くなれそう　　　□相手が喜びそう
　　□たいへんそう　　□お金がかかりそう　　　□疲れそう
　　□自分のためになりそう　　□その他（　　　　　　　　　　　　　　　　）

2 ホームステイとホームビジットの違いは何でしょうか。あなたはどちらを好みますか。

3 外国人を自分の住んでいるところに招いたり，泊めたりする経験をとおして，どんなことが学べると思いますか。

活動 A：自宅に招く

本書のさまざまな活動を通じてすでに外国人との交流を深めていることと思いますが，ここからさらに親交を深めたいと思っている人にとっては，外国人を自宅に招いてみることをおすすめします。自宅でおもてなしをすると，外で会って話をするより深い話ができるでしょう。また，ホームステイのホストの経験を通じて，自分が今まであたりまえだと思っていた家庭の生活習慣や家族のあり方が，異文化から来た人びとにとっては新鮮な驚きであることに気づくでしょう。

外国人を自宅に受け入れて，異文化のなかでの生活体験の場を提供すことを「ホームステイ」といいますが，日本では住宅事情もあり，海外からの訪問者を泊めることに最初は不安を感じる人もいるでしょう。そこで，ホームステイで外国からのゲストを泊める前にまずは自宅に招いて半日または1日一緒に過ごしてみるとよいでしょう。ここでは泊める場合（ホームステイ）とお招きするけれども泊めない場合（ホームビジット）の両方を想定してアクティビティを例示します。

▷ホームビジット

ホームビジットとは，宿泊を伴わず訪日外国人や在留外国人を日本人の自宅に招待し，おもてなしを通じて国際交流をすることです。訪問時間は 2-3 時間から数時間までで，お茶やお菓子でおもてなしをしたり，ゲストと一緒に料理や食事をしたりするなど形態はさまざまです。自分ができる範囲でおもてなしをしてみましょう。きっと会話が楽しく弾むでしょう。個人で大学などの外国人の友達や知り合いを招いてもよいですし，最近では，地域の自治体，公益財団，国際交流財団，非営利・営利団体など，さまざまな機関が斡旋をしているので，それを利用してみてもよいでしょう。興味がある人は，ホームビジットを紹介している機関を自分で調べてみましょう。

▷ホームステイ

ホームステイは自宅に外国人を招き，家族の一員のように迎え入れ，泊めることです。ホームステイは留学生や海外からの滞在者と自宅でゆっくりと深い話をするには格好の機会です。

外国からのゲストは日本の家の造り，生活習慣（食事，お風呂の入り方など）に驚くこともあるかもしれません。みなさんにとっては当然と思っている習慣が，異文化からみるとどのようにみえるのか話を聞いてみましょう。ホームステイは宿泊を伴いますので，夜までゲストと話す時間がたくさんあります。ぜひいろいろなトピックについて話し合ってみましょう。興味がある人は，ホストファミリーを募集している機関を自分で調べてみましょう。

◆ ワークシート 6-1 【ホームビジットかホームステイを実施している機関を調べてみよう】

_____

_____

_____

▷料理づくり・食卓での交流

　ゲストと一緒に料理をしたり，食卓で楽しく話したりするための計画を立ててみましょう。食べながら話すことでぐっと親近感が増すことでしょう。

◆ ワークシート 6-2 【料理づくり・食卓での交流】

▶訪問前に聞くこと

①どんな日本料理を食べたことがありますか。
②食事に何か制限はありますか（アレルギー，宗教上の理由など）。
③どんな日本料理をつくってみたいですか／食べてみたいですか。
④_____

▶料　理　名

_____

▶材　　料

・_____　　・_____
・_____　　・_____
・_____　　・_____
・_____　　・_____
・_____　　・_____

▶つくり方

インターネットでレシピを探しておきましょう。ゲストが持って帰れるように情報をまとめておきましょう（相手に応じて多言語で準備）。

※次頁につづきます

✎ワークシート 6-2【料理づくり・食卓での交流】（つづき）

▶料理／食事をしながらの話題

例１：互いの国のソール・フードや家庭料理について
例２：世界文化遺産としての「和食」について

- _____
- _____
- _____
- _____

▶実施後の振り返り：新しい発見・気づいたこと

_____
_____
_____
_____
_____

▷ホームビジットのヒント

　外国人を自宅に招くのは初めて，という人は多いのではないでしょうか。以下，実施するうえで役立つ情報をあげておきます。

　１）初めて来る人への対応　　　最近では，スマートフォンなどの地図アプリの GPS 機能が発達し，以前より簡単に目的地に着くことができるようになりましたが，初めての訪問先で迷ってしまうことはあります。初めて来る人とは駅やバス停で待ち合わせてみてはどうでしょうか。家に行く途中で一緒にスーパーに立ち寄り，お菓子や料理の材料などを購入すれば，会話のきっかけをつくれるでしょう。

　２）一緒に料理をしよう　　　家に着いたら，食べ物を出すだけでなく，一緒に料理をしてみると，食にかかわるさまざまな話題で盛り上がるでしょう。みなさんのゲストは欧米，ア

ジア、南米、アフリカ系などさまざまな国から来るでしょう。国によって宗教や文化の背景が違えば食材や食べ物も違うので、目の前にある食材、調理器具、食文化、料理の仕方などさまざまなことをお互いに話したり、比べたりしてみてはどうでしょうか。語学力に自信がなくても、実際に目の前にある物を見たり触れたりすることで会話は膨らむでしょう。

3) ホームビジットの実践例を知ろう

　　みなさんがゲストを招く準備として、ホームビジットの実践例を読んでおくとよいでしょう。たとえば「NAGOMI VISIT」（なごみ・ビジット）[1]は、世界中から来る観光客のために日本でのホームビジット体験を提供しています。サイトを読むと、さまざまな人びとがホストとして外国のゲストを自宅に招き、特別なおもてなし料理をつくる代わりに、普段の家庭料理で一緒にご飯を食べながら交流していることがわかります。あなたがホームビジットのホストとしてゲストを自宅に招く際、どんな飲み物や食べ物を用意したらよいのかなど、さまざまな疑問点もあるでしょう。不安や疑問を解消するうえで、こうした体験談を読んでおくことをおすすめします。

◉ワークシート 6-3 [ホームビジット体験談を読んで]

ホームビジットの体験談から自分が生かせると思った点をあげましょう。

・　　　　　　　　　　　　　　　　　　　

・　　　　　　　　　　　　　　　　　　　

・　　　　　　　　　　　　　　　　　　　

・　　　　　　　　　　　　　　　　　　　

---

1) NAGOMI VISIT ホームページ〈https://nagomivisit.jp/how/〉（最終閲覧日：2019年3月27日）

活動 B：ホームステイ

||||||||||||||||||||||||||||||||||||||||||||||||||||||||||||||||||||||||||||||||||||||||||||||||||||||||||||||||||||||||||

　　ホームビジットの受け入れに慣れたら，ホームステイも考えてみましょう。初めての人は 1, 2 泊程度の短期間のホームステイから始めるとよいでしょう。ホームステイはホームビジットと違い，宿泊が伴い，より多くの時間をゲストと過ごすことになります。ゲストが過ごしやすいように相手の食生活や生活習慣を聞いておくとよいでしょう（☞ワークシート 6-4）。あなたが家族と一緒に住んでいる場合は，家族と一緒に訪問者への質問を考えてみましょう。

　　また，ホームステイが数日以上の場合は，ゲストにあなたの家庭の習慣やルールを共有しておくとよいでしょう。お風呂，トイレの使い方，門限など，あなたにとっては当然のことでも，外国からの訪問者にとってはびっくりすることがあるかもしれません。あらかじめお互いの生活習慣の基本的な情報を共有しておくことは，ホームステイでお互いが楽しい時間を過ごすうえで役立つでしょう（☞ワークシート 6-5）。

✎ ワークシート 6-4【ホームステイ前の仲良し Q&A】

以下の点について，具体的な質問を考えましょう。

▶食べ物・アレルギー，宗教上の理由など

_____

_____

▶トイレ・ウォシュレット

_____

_____

▶お風呂・シャワー

_____

_____

▶インターネット

_____

_____

▶その他（　　　　　　　　　　　　　　　　　　　　　　　）

_____

_____

◈ ワークシート 6-5【あなたの家のルールや習慣で伝えておいた方がよい点】

□お風呂の時間や順番（ 　　　　　　　　　　　　　　　　　　　　　　　　　　 ）

□門　　限（ 　　　　　　　　　　　　　　　　　　　　　　　　　　　　　　　 ）

□＿＿＿＿＿＿＿＿（ 　　　　　　　　　　　　　　　　　　　　　　　　　　　 ）

□＿＿＿＿＿＿＿＿（ 　　　　　　　　　　　　　　　　　　　　　　　　　　　 ）

□＿＿＿＿＿＿＿＿（ 　　　　　　　　　　　　　　　　　　　　　　　　　　　 ）

□＿＿＿＿＿＿＿＿（ 　　　　　　　　　　　　　　　　　　　　　　　　　　　 ）

▷ホームステイのヒント

　日本でのホームステイで驚く点は，訪問者の出身地や生活習慣によってさまざまです。家に入るとき靴を脱ぐ習慣のない国から来る人もいますし，お風呂に入ったあとはお湯の栓を必ず抜いてお湯を入れ替えたいと感じる人もいます。トイレのウォシュレットの使い方がわからない人，家庭内でのゴミの分別のルールがわからない人，食事の際に，家族で大皿のおかずを直箸でとって食べることに抵抗を感じる人など，それぞれの出身地や背景によって違いがあるでしょう。

　でも，心配しないでください。一番大切なことは相手を家族の一員のような気持で受け入れ，文化の違いを楽しむことです。相手が生活習慣の違いを感じたり，戸惑ったりしたら，ユーモアを交えながら文化や習慣の違いについて話し合ってみましょう。

　ゲストにとってあなたの家でのホームステイは，日本に暮らす人びとの「家族」や「家庭生活」の一端を知るための貴重な機会です。たとえば，両親と一緒に住んでいる家庭でのホームステイでは，家事労働の分担，家庭での振る舞い，食卓での行動，両親と子どもとのコミュニケーションやしつけ，家庭での余暇の過ごし方，近所づきあい，住んでいる地域の特色など，さまざまな気づきがあることでしょう。ぜひゲストと一緒に意見交換してみましょう。

6

〈訪問者にホームステイの感想を聞く際の質問例〉
①あなたの家でおもしろいと思った点（家，部屋，置いてあるものなど，たとえば仏壇）
②あなたの家の食事や食習慣について
③「母，主婦，女性」「父，夫，男性」の役割について

ホームステイ中は，一緒に過ごす時間がたくさんあり，お互いのことをより深く知るよい機会なので，Chapter 1，Chapter 3 のトピックやそれをもっと掘り下げた話をしましょう。お互いの子ども時代，家族，学校生活，日常生活，地域，好きなこと，熱中していることなど，さまざまなことを話し合ってみましょう。

✎ ワークシート 6-6【ホームステイの感想を聞いてみよう】

▶質　　問

① _____

② _____

③ _____

④ _____

⑤ _____

▶ゲストの感想

・_____

・_____

・_____

・_____

・_____

▶あなたの振り返り

_____

_____

_____

_____

_____

_____

テーマをより深く理解するための
ブックリスト

　ホームビジットやホームステイの受け入れをおこなううえで役立つ書籍，活動の意義をより深く理解するための書籍を紹介します。国際交流の調査をおこなう際に参考になるでしょう。

◎活動 A：自宅に招く

①一条真也（2015）．『決定版 おもてなし入門──ジャパニーズ・ホスピタリティの真髄』有楽出版社

　本書は日本の「おもてなし」文化について解説しています。実際に外国人を自宅に招いておもてなしをする際に，相手を気遣う行動を考えるうえで参考になるでしょう。世界にはさまざまな「おもてなし」の習慣があります。日本のおもてなし文化について知ると同時に，世界のおもてなし文化の本や記事を読んで，比較してみましょう。

②熊倉功夫・江原絢子（2015）．『和食とは何か』思文閣出版

　ホームビジット，ホームステイで食に関する話題は必ず出てくるでしょう。そうした際に「和食」とは何かについて知っておくことで話が広がるでしょう。本書は和食の特色，和食の食べ方，食器，マナー，和食の食材，調理法，盛りつけなどさまざまな点を知ることができ，話が広がるでしょう。

③山田孝子・小西賢吾［編］（2017）．『食からみる世界』英明企画編集

　食事中の会話では，ゲストの国の食文化や食習慣の話も出るでしょう。食文化の比較をしたい場合は，世界の食文化の本を読んでおくこともよいでしょう。たとえば本書では，世界の食文化の共通性と差異を考察し，世界の国や地域の伝統・文化・気候風土と深い結びつきをもっていることが分析されていますので参考になるでしょう。

◎活動 B：ホームステイ

①鋪野　弓（2016）．『ホストファミリーって，こんなにおもしろい！──ニッポンにやって来た外国人との交流記』文芸社

　本書では，いろいろな国から来た留学生たちとのホームステイで実際に起こったさまざまなエピソードが短編にまとめられています。楽しかったり，たいへんだったりしたエピソードを通じて，自分の異文化に対する固定観念に気づかせてくれます。海外からのゲストがホームステイをするときも，ホストファミリーとして留学生を受け入れるときも，参考になるでしょう。

6

応用調査

　Chapter 6 の活動（ホームビジット，ホームステイ）の実体験をベースに学期末のレポートや卒業論文などに発展させてみましょう。

◎活動 A：「自宅に招く」の発展調査例

①ツーリズムとしてのホームビジットの分析

　最近では体験型のツーリズムが盛んになってきており，外国人旅行者のホームビジット，ホームステイへの関心が高くなっています。外国の旅行者は日本でのホームビジットやホームステイにどのような期待をもって参加するのでしょうか。また，参加してみてどのように感じるのでしょうか。外国人の日本での旅行のなかにホームビジットやホームステイの体験を位置づけたとき，どのような意味をもつのでしょうか。観光資源としてのホームビジット，ホームステイの効果や課題を調査してみましょう。

②世界のおもてなし比較

　オリンピック招致のプレゼンテーションで日本の「おもてなし」のすばらしさがクローズアップされましたが，世界にはさまざまなおもてなしの文化があります。ホームビジットやホームステイの体験者にインタビューをして，客へのもてなし方の違い，日本のおもてなしで印象に残っていること，不思議に感じる点などを調査してみるとおもしろいでしょう。

◎活動 B：「ホームステイ」の発展調査例

①外国人のホームステイを通じた気づきや学びの調査

　ホームステイの訪問者はホームステイ経験を通じて日本に関してどのようなことを学ぶのでしょうか。ホームステイ経験者にインタビューやアンケートをしてみるとホームステイを通じた社会文化的な気づきの分析をすることができます。

②外国人のホームステイ中の言語使用の分析

　自分の家でのホームステイ中の交流記録をゲストの許可を取って撮影しておくとホームステイ中のコミュニケーションの実態を分析することができます。ゲストはどのようにコミュニケーションをとり，ホスト側はどのように対応したのか調査することでホームステイを通じた相互の学びを明らかにすることができるでしょう。

③異文化理解の視点からのホストファミリー・ハンドブックの提言

　最近ではインターネット上で数々のホームステイ・ハンドブックが公開されています。ほとんどのハンドブックは留学生専用ですが，ホストのためのハンドブックを検索し，比較してみてはどうでしょうか。ハンドブックに必要な項目は何でしょうか。ハンドブックは異文化理解の視点から書かれているでしょうか。レポートや論文のために批判的考察をしてみましょう。そしてあなたがホームステイ中におこなった仲良しQ＆A，観察，振り返りなどをもとに，ホストファミリー用のハンドブックの内容を改善するための提言をつくってみましょう。

Chapter 7

探訪する

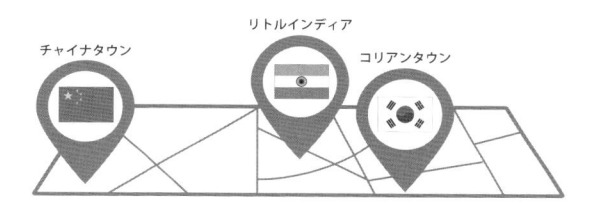

チャイナタウン　リトルインディア　コリアンタウン

【問　　い】

1 あなたの知っている「エスニックタウン」をあげてください。

2 あなたの身のまわりには以下のような外国にルーツをもつ人びとが集まる飲食店がありますか。
　　□中国料理店　　　□韓国料理店　　　□タイ料理店　　　□インド料理店
　　□その他の国の料理を出す店→どこの国の料理店ですか？
　　（　　　　　　　　　　　　　　　　　　　　　　　　　　　　　　　　　　　　）

3 あなたの身のまわりには以下のような外国にルーツをもつ人びとが集まる宗教施設がありますか。
　　□教会　　　□モスク　　　□寺院　　　□廟（中国系の人びとの宗教施設）
　　□その他の宗教施設→何を信仰している人たちの施設ですか
　　（　　　　　　　　　　　　　　　　　　　　　　　　　　　　　　　　　　　　）

4 このような場所に，どうして特定の外国にルーツをもつ人びとが集まるようになったと思いますか。

活動A：地域を歩いて多文化を探そう

今日の日本社会には，外国にルーツをもつ人たちが数多く住んでいます。みなさんの住んでいる地域や通っていた大学や学校にも，こうした人たちがいたかもしれません。このような人たちは，日本全国にまんべんなく住んでいるわけではありません。コリアンタウンやチャイナタウンのように，特定の国にルーツをもつ人たちが集まって住む場所が，日本全国には数多くあります。こういった場所を総称して，エスニックタウンと呼んだりします。

東京や大阪といった大都会ばかりでなく，地方都市であっても，どこかの一角がエスニックタウンになっていたりすることがあります。東京でいえば新大久保のコリアンタウン，池袋北口のチャイナタウン，西葛西のインド人街などが有名です。少し郊外に目を向けると，埼玉県の蕨市にはクルド人難民が，神奈川県の大和市や横浜市泉区にはインドシナ難民が集住しています。一方，関西には大阪市生野区鶴橋のコリアンタウンや八尾市のベトナム人街があります。

また，それほど有名ではなくても，西荻窪にもインド料理店が何軒もあったり，その近くの阿佐ヶ谷には近年ネパール人学校ができたりしました。一般的にはエスニックタウンとはいわれないような場所でも，日本各地で多様な文化を感じ取ることができます。

このような場所では，その国の料理を出す飲食店が軒を並べていたり，その国の人たちが信仰する宗教施設があったりします。しかし，有名なエスニックタウンはともかく，規模の小さい集住地区の場合，普段私たちは気にとめることもなく通り過ぎていることでしょう。

Chapter 7 ではこうした外国にルーツをもつ人たちが集住する地区を探訪する活動に焦点をあてて，普段気づかずに通り過ぎているような場所に光をあてます。二つの活動をとおして，エスニックタウンと呼ばれる街を歩いたり，実際に街の人に話を聞いたりして，異文化を理解すると同時に，私たちの文化を振り返ってみましょう。

▷活動 A を始めよう

自分たちが普段生活している地域を歩くと，知らないうちにその地域の多文化性に触れていることがあります。たとえば飲食店です。今日ではイタリアやフランスといった西洋料理や中華料理ばかりでなく，韓国やタイ，インドネシアなどさまざまな国の料理を出す飲食店が増えてきました。みなさんのなかに行ったことがある人もいるでしょう。こうした飲食店は日本人客に料理を提供するだけでなく，その国の人が集う場になっていたりもします。まずは地域を歩いて外国にルーツをもつ飲食店を探してみるとよいでしょう。

1）地域のなかの外国にルーツをもつ人たちがいる場所を探す　　どの地域であっても少なからず外国にルーツをもつ人は住んでいるはずですが，そういった人たちと出会う場は限られています。こういったなかで飲食店は誰もが入れる場所のため，彼ら／彼女らに出会うには絶好の場所となります。したがって，まずは自分の住む地域あるいは大学・学校の周辺を

歩くことで，外国の料理を出す店を探してみましょう。

　ただし，イタリア料理や中華料理の場合，経営者や料理人がすべて日本人であることも珍しくありません。そんな場合は，韓国料理やタイ料理，インド料理などエスニック料理を出す店をあたってみましょう。

　2）地図を持って街を歩こう　　　エスニックタウンのように，外国の料理を出す飲食店が数多くあるのであれば，店の周辺を歩いてみることをおすすめします。多文化性を意識して街を歩くことで，さまざまな発見があることでしょう。

　たとえば東京の新大久保は，これまでコリアンタウンと呼ばれ，多くのニューカマーの韓国人が飲食店を経営していましたが，今では中国やネパール，ベトナムの人びとが増え，多国籍化が進んでいます。こうした場所には，さまざまな国籍の人たちが集います。商店街の街頭スピーカーから流れる案内は，24か国語に訳されていたり，街の景観はハングルや中国，タイ，ネパール，ベトナムなどさまざまな文字で埋め尽くされていたりします。

　街を歩くことによって，視覚や聴覚を駆使して，さまざまな情報を収集していきましょう。とりわけ，目についたものを写真に撮って，のちの授業で共有すると学びが深まります。

　3）調べた内容を共有する　　　街を歩いたあとは，調べた内容をパワーポイントにまとめて班ごとに発表しましょう。とりわけ発表は街歩きの最中に撮影した写真を中心にすることをおすすめします。歩いている最中に気になった写真をたくさんパワーポイントに貼りつけて，簡単なキャプション（コメント）をつけて，自身の感想を含めて口頭発表してください。

　どの班も同じような部分に注目している場合があるかもしれません。しかし，その一方で，同じ空間を歩いても班ごとに異なったものに目線が向いていることにも気づくはずです。このように班ごとに街歩きの成果を発表することで，視点の多様性について学ぶことができます。自分が気づかなかった見方を知る機会になるので，積極的にほかの班の発表を聞いたり，質問してみたりしましょう。

7

◉コラム 2　日本ではどれほど多様な国や地域の料理が食べられるのか

　池袋北口にはウイグル料理を出す店があります。ウイグル料理とは，中国の新疆ウイグル自治区の人たちの料理です。かれらはムスリムなので，ここで出される料理はすべてハラルフードになります。料理人はみなボークと呼ばれる小さな帽子をかぶっており，注文をとる人たちはみな中国語を話していました。客は日本人もいれば，中国人（漢人）もいます。なかにはウイグル人もいたかもしれません。きわめて多国籍な空間であり，日本にいることを忘れてしまうような体験をしました。もちろん，味は抜群。日本にはこれほどまでに多様な国や地域の料理が食べられるのか，と感心した出来事でした。

図 1　新大久保のエスニック料理店

◈ ワークシート 7-1【エスニックタウン歩きの計画表】

▶訪問場所・日時

訪問場所：＿＿＿＿＿＿＿＿＿＿＿＿＿＿＿　　日　　時：＿＿＿＿＿＿＿＿＿＿＿

▶参加メンバー

＿＿＿＿＿＿＿＿＿＿＿＿＿＿＿＿＿＿＿＿＿＿＿＿＿＿＿＿＿＿＿＿＿＿＿＿＿

＿＿＿＿＿＿＿＿＿＿＿＿＿＿＿＿＿＿＿＿＿＿＿＿＿＿＿＿＿＿＿＿＿＿＿＿＿

▶準 備 物

□地　　図　　　□撮影機器　　　□歩きやすい靴　　□＿＿＿＿＿＿＿＿＿＿

□＿＿＿＿＿＿＿＿＿　　　　□＿＿＿＿＿＿＿＿＿　　　　□＿＿＿＿＿＿＿＿＿

▶歩くルート・理由

ここに地図を貼ってルートを書き込みましょう

※次頁につづきます

▶街歩きの観察ポイント

・_____

・_____

・_____

・_____

＊街歩きのなかで気づくものがたくさんあります。リスト以外のことを歩きながら「発見する」ことも大切です。

▶エスニックタウンの背景情報のチェック！（土地に詳しい人がいれば聞いてみよう）

・_____

・_____

・_____

・_____

▶訪問記録

・街の写真を添付	・気づいた点を記録（人，街，行動など）

　街を歩くといっても，ただ漫然と歩いているだけでは，何もおもしろい発見はできません。ここでは以下の三つのポイントを意識してみてください。そうすれば，心躍る発見ができるかもしれません。

　1）市場や八百屋に注目する　　外国にルーツをもつ人たちの生活を知る一つの手がかりが市場です（八百屋やスーパーマーケットも含めてください）。たとえば，新大久保には狭い範囲にたくさんの八百屋が並んでいます。こうした八百屋には，韓国料理で使う珍しい食材が売られていたりします。飲食店ばかりでなく，外国にルーツをもつ人たちが集まって住んでいる場所では，その国の人たちが食べるための野菜や香辛料を近所のスーパーで売っていたりします。こうして市場を覗くだけで，かれらの食生活を想像することができます。これは何に使うのか，どこから手に入れたのかといったことを考えて，想像力を膨らませてみましょう。

　2）詳しい人にあらかじめ話を聞いて，歩くルートを決めておく　　その地域に詳しい人からあらかじめ情報を収集しておき，地図に歩くルートを書き込んでみましょう。たとえば，新大久保の場合，歩く場所によって店の趣が異なります。新大久保駅から西側にはイスラム横丁と呼ばれる一角があったり，近隣には中国系の店がいくつか並んでいたりします。逆に駅の東側は通称イケメン通りを中心に韓国系の店が数多くあります。一方，職安通りの東側にはタイ料理の食材店があったり，大久保通りの東側には多文化共生に力を入れている大久保図書館があったりします。こういった点を結んで歩いてみると，土地勘がついて，街の全体像がよくわかるでしょう。

　3）裏道にも入り込んでみる　　学生たちと新大久保の街を歩いていたときのことですが，ある学生のグループが賑やかな表通りから裏道に入りました。すると一人の学生が「先生，ここには何もありませんね」と言うのです。しかし，裏道には住宅街があります。その住宅街には数多くの外国人住民が住んでいます。留学生の場合，小さな部屋に何人も寝泊まりしていることだってあるのです。マンションの上を見上げて吊るされている洗濯物を見たり，ゴミ置き場を探したりするだけでも，住民の様子がわかります。もちろん，あまりジロジロ見ると，不審に思われるので注意が必要です。しかし，住宅街をとおして住民の多文化性を知ることができるということを忘れないようにしてください。

活動 B：エスニックタウンで話を聞こう

||||||||||||||||||||||||||||||||||||||||||||||||||||||||||||||||||||||||||||||||||||||||||||||||

街歩きをして関心が出てきたら，次の段階では外国にルーツをもつ人たちに話を聞いてみましょう。質問項目は事前につくっておきましょう。ここでは来日の経緯を聞き取ることに焦点をあててみます。

◈ ワークシート 7-2【インタビュー準備シート】

▶準 備 物

□メモと筆記用具　　□録音機器（相手の許可をもらってから）
□調査概要シート（言語を調整），調査協力依頼書

▶知りたいこと

_____

_____

_____

_____

_____

▶具体的な質問（質問の流れの作り方は Chapter 1 参照）

① _____

② _____

③ _____

④ _____

⑤ _____

▶その他チェックリスト

□アポイントメント　　□インタビューを通じた交流・対話　　□お礼のメール

7

1）エスニック料理店に入る　　街歩きでだいたい地域の状況を確認したら，インタビューする対象となる人を探します。その際，すでに知り合いである場合を別にして，見知らぬ

外国人に話しかけなくてはなりません。これはなかなかたいへんな作業ですが，心配はいりません。初心者にとっては，エスニック料理を出す飲食店の人にアプローチして，アポイントメントをとるのが一番よいでしょう。

　飲食店は普段から見知らぬお客さんを相手にしているのですから，みなさんが入っていっても何もおかしいとは思われません。そこで，まずは料理を注文して，しっかり食べてみましょう。

　2）話しかけてみる　　料理を待っているあいだ，あるいは食べたあとに，店員さんに以下のように話しかけてみてください。「すみません。＊＊大学の調査実習（あるいはゼミの活動）で外国にルーツをもつ方にお話を聞くことになっているのですが，店長さんはいらっしゃいますか」。

　ここでのポイントは「大学の実習」であることをはっきり伝えることです。これなしに外国にルーツをもつ人の話を聞きたいと言っても，相手は戸惑ってしまうでしょう。また，このとき，名刺をつくって持参しておくとよいです。なかには日本語が不得手な店員さんもいます。その場合は，「日本語が話せる方はいらっしゃいますか」と聞いてみてください。

　アポイントメントをとることがうまくいかないことも多いです。とりわけ外国の方に話を聞く場合，日本語が不得手だという理由で断られることもあります。しかし，ここはあきらめずに何軒かアプローチしてみてください。

　3）アポイントメントをとる　　許可が得られたら，準備をしたうえで再訪することを伝えてください。店の営業中にインタビューに答えてくれる人はまれです。ここで日時を決めて，再訪することにします。その際，店名，相手の方の名前，連絡先を必ず記録しましょう。逆に，自分たちの大学名，名前，再訪する日時を書いて，相手に文書を手渡します（担当の教員から調査依頼書を発行してもらうとよりよいです）。この段階では，①インタビューの目的，②インタビュー成果の利用方法（ゼミの報告書にまとめるのかどうか，公開するのかどうかなど），③インタビューに要する時間の3点を必ず伝えてください（30分から1時間くらいが望ましい）。

▷飲食店で聞くためのヒント

　1）自分たちの話をしたり，感想を述べたりする　　まず，実際に話を聞く段階では，アポイントメントをとるときと同じように「話を聞く目的」を伝えると同時に，録音の許可を得ましょう。可能であれば，事前に質問項目を相手に送っておくと，相手は安心するでしょう。

　つぎに，Chapter 1 でも触れられていたとおり，単に相手から話を引き出すだけでなく，自分たちの話もしてください。自分たちはどういうことに関心があるのか，訪問した店の印象，料理の味，インタビュー相手の国の印象など，さまざまな話題がありえます。また，話を聞

いている最中は，しっかりあいづちを打ったり，相手の回答を自分で言い換えてみたり，感想を述べたりしてください。こうすることで，自分たちが相手の話を理解していることが伝わります。とりわけ，「そうなんですか，それは意外です」とか「初めて聞く話で興味深いです」といった感想を述べるのは大事です。こうすることで，相手の方がより多くの情報を提供してくれるかもしれません。

　なお，日本語があまり得意でない方も多いはずなので，質問はできるだけわかりやすい日本語にしてください。なかなか伝わらない場合は，言い方を変えて質問してみるのもよいでしょう。

　2）話を掘り下げる　　　あらかじめ用意した質問項目を順番に聞くだけでは，なかなか話が深まりません。インタビュー相手の方が饒舌な人であれば問題ないのですが，簡潔な答えが返ってくるだけで話が盛り上がらないことは往々にしてあります。その際は，相手の答えをもとに，迷惑にならないかどうか十分注意しながらさらに掘り下げる質問をしてみてください。

　たとえば，来日理由を尋ねて，「日本で働きたかったから」というひと言しか言ってくれない方の場合，「いつそのように思ったのですか」「そのときはどのような仕事をしていたのですか」「どのような仕事をしようと思ったのですか」「日本で仕事をしている友人や知人がいたのですか」といった質問が可能です。その回答に応じて，「どのような」「なぜ」という問いを組み合わせるなどして，さらに来日の経緯について詳しい話を聞いてみてください。

　3）相手の国の地図を持参する　　　インタビューの基本は，「いつ，どこで，何を，どのように（あるいは，なぜ）」したのかです。そのなかでも，私たちにとって，「どこで」という場所の話は，相手となかなか共有できません。というのも，私たちにとってあまり身近でない外国の地名が出てくるからです。

　インタビュー相手の方の出身地が，タイの見知らぬ地域だった場合を考えてみてください。「私の生まれはムクダハンです」と言われても，どこだかわからなければ，それ以上話を掘り下げられません。また，相手の方が「どうせ日本人には自分の出身地のようなマイナーな地名は知らないだろう」と思って，「タイの田舎で生まれました」と言って大まかなことしか話してくれないかもしれません。

　しかし，地図さえあれば，この地域がどのような雰囲気の場所なのか，相手の方は思い出しながら話してくれるかもしれません。このように地図は相手の話を引き出すための道具としてたいへん有効です。携帯で地図アプリを開いて，話を聞く方法もあります。Google Map などもよいかもしれません。自分のもっているリソースを最大限活用してください。

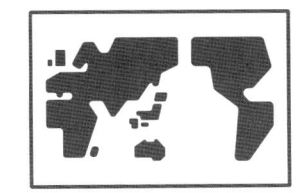

4）立ち去る前に感想を！　そして話を聞いたその日のうちにお礼メールを！　　　話を聞いたあと，店を出る際には話を聞いた感想を必ず相手に伝えてください。「貴重な話をありがとうございました」だけでは，味気なく寂しい思いがします。「＊＊さんの来日理由を聞けて，自分ももっと自由に将来の夢をもっていいんだとわかりました」とか「人生っていろいろな偶然の出会いがつくりあげるものなのだと知りました」など，自分にとって今回の話がどのように響いたのかを伝えられれば，相手の方はきっと喜ぶでしょう。

　そして，お礼のメールはその日のうちにしましょう。「本日は貴重な話をありがとうございました」といった文言を入れつつ，聞いた話をどのような形で，いつまでにまとめるのかを伝えてください。報告書に入れる場合は，事前に内容を確認してもらいましょう。自分が気づかないところで誤解していることは，多々あります。ただし，日本語が得意でない方のために，報告書の草稿を持参して，相手の目の前で音読するのもよいでしょう。

◉コラム3　多文化交流のための対話的インタビューについて

　本書の目的（多文化体験，多文化共修）からすると，みなさんがおこなうインタビューの目的は，学術的な成果を公表することではなく，インタビューをとおして外国の方と交流することにあります。したがって，インタビューを手段と考えるのではなく，それ自体を目的と考えましょう。つまり，レポートや論文のために情報を得るのではなく，外国の方と「会話をする」ということを大事にしてください。言い換えれば，相手の話を聞くだけでなく，自分たちのことも積極的に話すという心構えをもってください。

　一方で，章末のブックリストや応用調査は，エスニックタウンのフィールドワークがどのように卒業論文，学術調査に発展させられるのか，という方向性も示しています。学術調査としてのインタビューは，レポートや論文，報告書といったアウトプットを必須とします。この場合，「外国人との交流」のときと同じように，会話をするという心構えはもちろん重要ですが，さらに聞き取った内容を公開してよいかどうかを必ず相手に確認してください。みなさんは相手の言ったことを誤解して記していないか，つねに気をつけるようにしましょう。

✎ Memo

テーマをより深く理解するための
ブックリスト

◎エスニックタウンの変遷を探る

稲葉佳子（2008）．『オオクボ都市の力——多文化空間のダイナミズム』学芸出版社

エスニックタウンとして有名な新宿区大久保の変遷について，詳細な調査をもとに記した必読書です。著者は今日の大久保地区の原型ができた江戸時代から今日までの歴史的な変遷を跡づけ，1990年代以降は，著者自身のフィールドワークの成果を織り込みながらどのように外国人が増えてきたのかを跡づけています。とりわけ，建築史が専門の著者ならではの土地や建物の利用形態の変化から，実証的に外国人の増加の様相を切り取る論じ方には説得力があります。

◎日米のコリアンタウンに生きる人たちの生活を知る

原尻英樹（2000）．『コリアンタウンの民族誌——ハワイ・LA・生野』筑摩書房

本書は日本の大阪市生野区や東京都荒川区，神奈川県川崎市に住む在日コリアンばかりでなく，ハワイやロサンゼルスといったコリアン・アメリカンについても知ることができる絶好の入門書です。著者のフィールドワークの経験をふんだんに盛り込みつつも，どういった経緯で韓国・朝鮮系の人びとが日本やアメリカの特定の地域に住むようになったのかを歴史的に掘り下げて説明しています。コリアンタウンの日米比較も本書の魅力です。

◎国内外のさまざまな中華街を比較する

山下清海（2016）．『新・中華街——世界各地で〈華人社会〉は変貌する』講談社

著者は日本におけるチャイナタウン研究の第一人者で，池袋のチャイナタウン化にいち早く注目し，数多くの論文を書いています。著者は本書において池袋のチャイナタウンの人びとを追いかけ，どのように形成されていったのかを記しています。世界各地のチャイナタウンについてもわかりやすく記述してあるので，その多様性を理解するには最適の書です。

7

応用調査

　エスニックタウンを題材とした卒業論文のテーマとして，たとえば以下のような例があげられます。

> 「新大久保における多文化共生の現状と課題――新大久保商店街の試みの事例」
> 「新大久保商店街における外国人経営者の生活誌」
> 「西葛西在住インド人の移住と結婚――宗教の役割を中心に」

　調査する街の多文化共生の現状や課題を調べることで今後に向けた提言を考えることもできるでしょうし，商店街の人びとに焦点をあてて，その地域に住むようになった経緯，生活実践やネットワークを掘り下げて調査したりすることもできるでしょう。また，例に示したように宗教の役割に着目するようなやり方もあるでしょう。

　こうしたエスニックタウンの調査を深めるために，以下，発展課題をあげておきます。

　飲食店以外にも，外国人の集まる多様な場があります。たしかに初心者にとって最も入りやすい場は飲食店ですが，慣れてきたらもう少し多様な場所を訪問してみるとよいでしょう。

発展課題①：飲食店以外にも訪問してみる

　飲食店以外の外国人が集う場としては，宗教施設があります。たとえば，大久保地区にはいくつかのキリスト教の教会があります。ここは日本人の牧師だけでなく韓国人の牧師もおり，週末には多くの韓国人の信者が集まります。また，とりわけ台湾の人たちが篤い信仰を寄せる媽祖を祭る廟，ムスリムのためのモスクなど，探すといくつもの宗教施設がみつかります。このような施設は，人びとが集まる場所として機能しています。週末などに，定期的に集会を開いているはずなので，それに合わせて出向いてみるとよいでしょう。ただし，こういった場所に入る場合，入口で関係者にしっかり許可をもらってください。

　また，興味深いのは，フリーペーパーや新聞です。これも大久保地区の事例ですが，ネパール新聞の編集部，ベトナム人や韓国人向けのフリーペーパーの編集部があります。外国人が集まる場所には，このように現地の人たち向けの情報を扱うメディアがあるのです。こういった編集部をみつけて，どのような仕事をしているのか聞いてみるのもよいでしょう。情報を扱っているだけあって，非常に広い人脈をもっている方がいるはずですから，さまざまな人を紹介してくれるかもしれません。

発展課題②：当事者コミュニティ・支援団体・商店街組合などの人びとに話を聞く

　外国にルーツをもつ人たちが集住する場所には，当事者のコミュニティ，支援する団体，商店街の組合などがあります。大久保地区の場合，新大久保商店街組合，韓国人商人連合会といった組合があり定期的に会合をしています。また，共住懇という支援団体も有名です。とくに新大久保商店街組合は「インターナショナル事業者会議」といって日本人，韓国人，ネパール人，ベトナム人の4か国の人たちが定期的に会議をしており，地域の問題を一緒に解決していく取り組みをおこなっています。こうした組合や支援団体の活動を知ることで，外国にルーツをもつ人たちとどのように共生していこうとしているのか，そしてそのうえで生じる課題は何かを学ぶことができます。

　できれば，こういった方々から話を聞くだけでなく，ボランティアとしてかれらの力になるのもよいでしょう。話を聞かせていただいたお礼として，何かお手伝いするという双方向のやりとりを忘れないようにしましょう。

Chapter 8

提案する

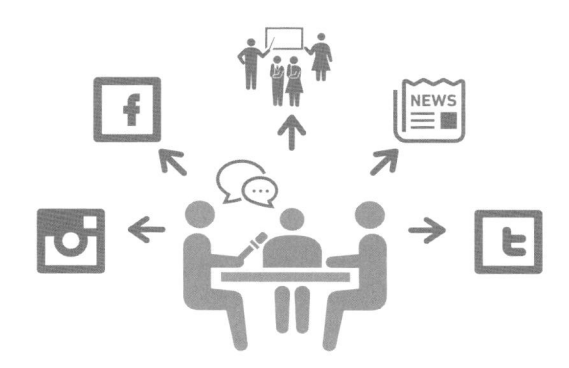

【問　　い】

❶ 外国人と一緒に何かの活動をしたことがありますか。
□授業のグループワーク　　□クラブ活動　　□アルバイト
□その他（　　　　　　　　　　　　　　　　　　　）

❷ 外国人と一緒に何かの活動をすることで，みなさんにはどんな学びや気づきが
あると思いますか。たとえば留学生と一緒に，みなさんが住んでいる地域のよ
さを調べて発信するという活動で考えてみましょう。

❸ 多様なルーツをもつ人びととの協働活動のたいへんな点は何だと思いますか。
どうしたら乗り越えられると思いますか。

活動 A：自分たちの大学・学校のよさを留学生と共に調査し，外部に発信する

||||||||||||||||||||||||||||||||||||||||||||||||||||||||||||||||||||||||||||||||||||||||||||||||||||||

　Chapter 8 では，日本人学生と外国人留学生による協働的活動を進めていきます。多様なルーツをもつ学生たちの目，複数の価値観であらためて日常を見直すことで，あたりまえだと思っていたことを問い直し，新たなよさを発見し，それを広く発信してみましょう。

　さまざまなルーツの人たちが集うと，考え方や仕事・作業の進め方にも違いが出てきます。ときには，意見の対立から作業がストップしたり，チームの協力関係に課題が生じたりするかもしれません。それはまさに，異文化の対立を乗り越え，新たな理解に進むための第一歩です。それを乗り越えて理解を深められるか，それともそこで立ち止まってしまうか……。違いや違和感に積極的に興味をもち，その対立をある意味でおもしろがり，そして，自分たちの考えを明確に言語化し，積極的にコミュニケーションをとりながら，調整と相互理解を成し遂げ，一つのプロジェクトを完成させていくことを楽しんでみてください。

▷活動 A を始めよう

　まず，留学生と共に自分たちの大学や学校のよさについて，多様な視点から分析的に調べ，考えてみてください。そして海外も含めた外部に発信をしてみましょう。大学や学校にはさまざまな学風・校風があり，公式ホームページなどで特色が紹介されています。しかし，実際に「なか」で学んでいる学生として，外からみるのとは異なったよさがたくさん感じられると思います。そのよさを，多様なルーツをもつ人たちで持ち寄り，話し合ってみましょう。そして，どんな相手（宛先）に，どんなよさを伝えられるか，考えてみましょう。

> 〈グループワーク〉
> ①まず準備段階として，大学や学校のなかや周辺で自分の好きなもの，お気に入りの場所など，ほかの人にすすめたいものを紹介してみましょう。自分がなぜそれが好きなのか，どんな点を特におすすめしたいのか，できるだけ具体的にそのよさを記述してみてください。
> ②紹介したいものが決まったら，相手がイメージできるような例を考えながら説明してみましょう。

　1) アイディアの集め方　　大学のよさやユニークさを考えるために，いつもと視点を変えて，ちょっと上，足元，横を向きながら歩く，近づいてみる，逆さまにみる等々，視点を変えてみましょう。さまざまな背景をもつメンバーで一緒に校内を歩き，諸感覚をフルに使って観察してみましょう。

　2) 取材準備　　　具体的なテーマが決まったら，準備シートを作成しましょう。大学のよさを伝えるためには関係者に取材するとよいでしょう。フォーマルな取材をする場合は，時間をとってくださる相手に対して失礼にならないようにマナーを守りましょう。

✎ ワークシート 8-1【調査準備シート】

▶調査のテーマ

_____

_____

▶目　　的

_____

_____

▶そのテーマを選択した理由・動機

_____

_____

▶具体的な取材先と内容

①取材先：_____　内　　容：_____

_____

②取材先：_____　内　　容：_____

_____

③取材先：_____　内　　容：_____

_____

▶取材内容

□インタビュー（質問リストをつくろう）　　□撮影：_____

□その他：_____

※次頁につづきます

8

◈ワークシート8-1【調査準備シート】（つづき）

▶取材スケジュール

□誰が：_____ □何を：_____

□いつまでに：_____ □どうする：_____

▶取材の機材

_____

▶発信方法：記事／動画の仕上がりイメージ

3）フォーマルな取材の依頼をする際のマナー　　企業や団体関係者などに取材を依頼する場合は，以下の点に気をつけましょう。

□事前準備：取材前に取材先の公開情報（HP，報告書，記事など）に目を通す
□事前説明：取材の目的，内容，方法などを取材先にわかりやすく丁寧に説明する
□インタビューの準備：わかりやすい質問を組み立てておく
□事前に録音許可をとり，失敗がないようにバックアップの機材を準備する
□事前に機材の動作確認などをおこなっておく
□取材当日もしくは翌日の午前までに取材のお礼のメールを送る
□取材協力者に取材記事の確認作業をお願いする

活動 B[1)]：留学生と共に地域の魅力を取材し，外部に発信する

外国人と共に調べ，学び合う調査として，みなさんの住んでいる地域の魅力を掘り起こしたり，街おこしの提案をしたりする活動もあげられます。留学生と共に街を歩き，さまざまな視点から地域の魅力を探ることで，今まで気づかなかった地域の魅力や観光資源が掘り起こせるかもしれません。以下，筆者（村田）の大学でおこなった，留学生と日本人学生による地域の魅力を取材する協働活動，そして自治体への観光資源活用の提案活動のデザインを紹介します。

▷地域の魅力の取材・記事による発信

大学の学生たち（留学生と日本人学生）は多文化協働プロジェクトとして，毎年，大学のすぐそばにある新宿神楽坂でおこなわれる文化イベントのボランティアスタッフとして参加しています。そして，イベントの様子を取材して，その結果を留学生新聞にまとめています。取材では，地域のNPO法人関係者，ボランティアスタッフ，イベントスタッフ，商店街の人びと，伝統芸能を伝える奏者などの取材をおこない，多様な人びとと交流をすることで多くのことを学びます。また，イベントの取材にもとづく記事作成では日本人学生が留学生の書いた記事の意図を丁寧に汲み取りながら，校正作業をし，お互いに多面的な視点や表現様式を学びます。こうした活動は，地域文化の理解，多文化交流と学び合い，言語コミュニケーションにおける多様性の理解，情報発信力の向上など，さまざまな点で学びの可能性を秘めています。

また学生たちは，取材した街のよさを，SNSなどを使い，個人的にも広く国内外に発信しています（留学生を中心に多言語での発信もおこなわれています）。動画編集が得意なメンバーがいる場合は，取材した街の写真や動画をまとめて，字幕やナレーションをつけ，インターネットで発信してもよいでしょう（一人だけの負担にならないよう注意しましょう）。

図 8-1　学生が作成した新聞

図 8-2　留学生と日本の学生が協働で
三味線奏者を取材

1）活動Bの分析は JSPS 科研費 16K02823 の助成を受けたものです。

▷自治体への提案活動

図8-3　観光地での調査の様子

図8-4　自治体関係者への提案

日本人学生と留学生が地域の観光資源のよりよい生かし方を探るだけでなく，調べたことを自治体関係者に提案する形のプロジェクト学習もよいでしょう。

筆者の所属する大学は，多文化共修プロジェクトとして，留学生と日本人学生が協働で山梨県富士吉田市の観光資源調査を実施しました。フィールドワークでは学生たちが地域のさまざまな場所を訪問し，自分たちの目で魅力を探ると同時に，地元の人びと（地元観光振興関係者，道の駅スタッフ，農家，近隣住民など）にお話をうかがいました。また自分たちの「ビジター」としての視点も生かし，観光客（外国人観光客含む）にインタビューをおこない，結果をまとめました。

そして最後に，自治体の担当者をお招きして，地元の観光資源をいかに生かすべきか，多様な背景をもつ若者たちの視点を取り入れた提案をおこない，自治体の方々からプロジェクトに対するコメントをいただきました。

こうした活動は，地域の魅力と課題の理解，多文化交流，協働力，調査結果を発信する力，提案する力を高めるたいへんよい機会となります。

調査準備シートは活動A（☞ワークシート8-1（pp.69–70））と共通です。

地元に提案する活動のポイントをまとめると以下のようになります。

□地域を歩いて観察し，定番の観光ポイントだけでなく，現地の魅力を発見する

□地元の人に話を聞く（自治体関係者，農家，観光施設や店，街おこし関係者，近隣住民など）

□観光客に話を聞く（外国人観光客の聞き取りも）

□外国人メンバーの「ユーザー」としての視点を取り入れる

□結果をまとめてクラスで発表するだけでなく，地域関係者に情報を共有し（記事，報告書，街の動画発信，新聞など），フィードバックをもらう

□地域の人びととの交流を大切にし，お話をうかがう際は相手の迷惑にならないように十分に配慮し，感謝の気持ちを伝える（☞ Chapter 1，7，8 活動Aの取材方法を参考に）

活動 C：日本文化体験ワークショップを実施する

外国人観光客が増え始めた 2013 年頃は，「爆買い」といって，大量の家電製品や美容用品を買いに来る中国大陸からの観光客が注目されましたが，現在は来日する外国人観光客の関心が「モノ消費」から「コト消費」へと移行しているといわれており，社会や文化を「体験」する活動が注目されています。このようなことを念頭に日本のことをより深く知ってもらうような，短期滞在外国人向けのワークショップをデザインしてみましょう。

▷文化体験ワークショップの企画と実施

1）ワークショップの意義　　日本で学ぶ留学生に来日理由を聞くと，「日本社会や文化を知りたい」という声をよく聞きます。みなさんが留学生向けの文化体験ワークショップを企画するとしたら，どのような内容にしますか。たんに知識を紹介するだけでなく，「体験型」にするためにはどのような形式がよいのでしょうか。ワークショップとは，「先生や講師から一方的に話を聞くのではなく，参加者が主体的に議論に参加したり，言葉だけでなくからだやこころを使って体験したり，相互に刺激し合い学び合う，グループによる学びと創造の方法」といわれています。ワークショップは，実際に手や体を動かしたり，みんなで何かをつくったりしながらアクティブに学ぶ方法です。

2）日本文化紹介ワークショップ例　　日本文化紹介といってもさまざまな切り口があります。伝統文化を紹介したいのか，若者文化を紹介したいのか，限られた準備期間と予算で実施可能なワークショップなのかなど，さまざまな点を考えてつくりあげていくことが大切です。まずはワークショップのテーマとコンセプトを考えましょう。

学生たちが考えた日本文化紹介のワークショップの例として，以下のようなものがあげられます。テーマが外国人参加者の興味を引く内容であることはもちろんですが，準備期間，費用なども考慮して実現可能な活動を考えていきましょう。

8

〈伝統文化系の例〉
日本のお祭り縁日体験／書道体験／消しゴムはんこづくり／日本語で絵葉書づくり／盆踊り／よさこいソーラン体験／お正月体験／折り紙体験

〈ポピュラーカルチャー系の例〉
制服コスプレと撮影会／原宿メイク体験／ドラマで学ぼう日本語／若者言葉ワークショップ／日本の遊び・世界の遊びワークショップ

3) 日本文化紹介ワークショップの計画を立てよう　　　テーマが決まったら具体的な準備と手順を考えてみましょう。可能であればワークショップの準備段階から留学生に参加してもらい，グループで話し合うことで共に学び合うことができます。

◆ ワークシート 8-2【日本文化紹介ワークショップ準備シート】

▶ワークショップ名

_____

▶コンセプト

例：○○を学ぶために＊＊をつくる／する

_____

_____

▶体験のポイント（つくること，学ぶこと）

_____

_____

_____

▶役割分担

_____

_____

_____

▶チームのルール

_____

_____

_____

※次頁につづきます

▶準備物・費用

_____

_____

_____

_____

_____

_____

▶当　　日

タイムライン詳細	役割分担
	会場イメージ図

▶チェックリスト

□予算は足りるか　　□参加者の興味を引けるか　　□準備期間は十分にあるか

□スタッフ数は充分か　　□担当者の仕事量に偏りはないか　　□会場の確保はできるか

8

▶円滑に進めるためのコツ

1) **チームビルディング**　　グループでワークショップを企画，運営する場合は，メンバーが守るべきルールを最初に決めておきましょう。連携に問題が生じたら（仕事の偏りなど）チームで話し合いましょう。

2) **リハーサル**　　ワークショップを実施するときに，一番大切なプロセスの一つがリハーサルです。リハーサルをすることでワークショップの流れを確認し，準備が不足している点を補うことができます。実際に，実施者・見学（分析）者・参加者の役割分担をおこない，リハーサルをやって相互にコメントをしてみましょう。

3) **複言語**　　留学生のために複言語での実施も考える必要があります。みなさんがもっている言語能力以外に，翻訳アプリなどを駆使して複言語のワークショップも考えましょう。

4) **外部連携**　　学内の活動だけでなく，学外との連携モデルも考えられます。外国人観光客の多いホステルやイベントがおこなえる施設と連携して実施する可能性も検討しましょう。

📝 Memo

テーマをより深く理解するための
ブックリスト

　Chapter 8 のテーマや活動の意義をより深く理解するための書籍を紹介します。クラスの
レポートや卒業論文のテーマとして，国際交流の調査をおこなう際にも参考になるでしょう。

◎活動 A・B 共通：多文化協働学習

①坂本利子・堀江未来・米澤由香子［編著］(2017).『多文化間共修――多様な文化背景をもつ大学生の学び
　合いを支援する』学文社
②村田晶子［編著］(2018).『大学における多文化体験学習への挑戦――国内と海外を結ぶ体験的な学びの
　可視化を支援する』ナカニシヤ出版

　どちらの書籍も多文化共修実践を紹介しています。後者は本書の姉妹本です。多様な言語文化的背景をも
つ学生間の多文化共修の意義と実践例を理解することができるでしょう。

③西條剛央 (2015).『チームの力――構造構成主義による「新」組織論』筑摩書房

　本書はよいチームをつくり，チームで物事に取り組むための「原理」について，事例を交えて書かれてあ
る本です。学生間のチームづくり，リーダーのあり方，メンバーの動機づけ，トラブルの対処法など学生
たちが共同作業に取り組んでいくための参考になります。

◎活動 C：日本文化体験ワークショップを実施する

①堀　公俊・加藤　彰 (2008).『ワークショップ・デザイン――知をつむぐ対話の場づくり』日本経済新聞
　出版社社

　本書は，ワークショップの基本的な考え方，ワークショップのタイプ，具体的なアクティビティなどがわ
かりやすく解説されています。また，17 個のワークショップの実例がタイムラインとともに掲載されてお
り，ワークショップを実際に考える際のさまざまなヒントになるでしょう。

②加藤文俊 (2018).『ワークショップをとらえなおす』ひつじ書房

　本書はワークショップを振り返って学ぶことの大切さを指摘しています。ワークショップの実践を問い直
す作業が，みなさんの主体的な活動を通じた学びを可視化し，今後に生かすために非常に重要になります。
ぜひ本書をワークショップの振り返りの際に読んでみるとよいでしょう。

8

応用調査

Chapter 8 の活動のテーマをさらに深く掘り下げて，学期末のレポートや卒業論文などに発展させることもできます。

◎活動 A・B の発展調査例：留学生との協働調査・取材

①留学生との協働学習のプロセス分析

日本人学生と留学生が協働することで具体的にどのようなことが学べるのでしょうか。企画から実施，調査のまとめに至るまで，グループでの話し合いのプロセスを記録し，分析してみると，言語文化的に多様な人びとのグループ活動のダイナミクス，学び合いの意義，違いを乗り越えてプロジェクトを進めるための留意点などをより深く理解することができるでしょう。

②留学生と共におこなう街おこしの意義

人口減少が進む日本社会では，今，さまざまな形で外国人の受け入れをおこない，地域を維持したり，活性化させようという試みがなされています。みなさんが留学生と協働して地域の魅力や課題を調査する場合，その結果は，街おこしのリソースとしてどのように活用することができるのでしょうか。さまざまな教育機関で学生による街おこしのプロジェクトがおこなわれています。実践例を集めて，自分たちの実践と比較しながら分析してみましょう。

◎活動 C：「日本文化体験ワーショップを実施する」の発展調査例

①さまざまな日本文化体験ワークショップの比較分析

外国人観光客向け，あるいは生活者としての外国人向けに有償，無償のさまざまな日本文化体験のワークショップがおこなわれています。旅行会社，大学，地域の観光協会，地域の日本語教室などが個別におこなう場合もあれば，複数の機関が連携してワークショップを実施する場合もあります。日本文化体験ワークショップはどのような団体がどのような目的でおこなっているのか，またどのような実践がなされているのか，さまざまな実践例を集めて分析し，文化体験ワークショップの可能性と今後に向けた課題を考えてみましょう。

②ワークショップを通じた学びを分析する

ワークショップデザインの活動は，自分たちが学びについて学びながら，参加者に学びを提供するという二重性をもっており，さらにワークショップ中の対話を通じて主催者も参加者も学び合うという活動です。企画・実施プロセスでのチームメンバーの対話，参加者との対話を分析することで，ワークショップ型の活動の可能性や今後に向けた課題を調べてみましょう。

Chapter 9

役に立つ

VOLUNTEER

【問　い】

1 ボランティア活動をした経験がありますか。どんな活動ですか。
　　□ある　　□ない
　　ある場合は，どんな活動ですか（　　　　　　　　　　　　　　　　　　）

2 ボランティア活動で「役に立てた！」と思いましたか。
　　①どのぐらい？
　　　□とても　　　□まあまあ　　　□あまり　　　□ぜんぜん
　　②どのような点で役に立てた／立てなかったと思うのですか。

3 みなさんは外国人の支援ボランティアとしてどんなことができると思いますか。
　　下の A–C のなかから一つ選んで想像してみてください。
　　A）同じ大学／学校で学ぶ留学生の支援
　　B）地域の日本語教室でのボランティア　　C）外国人児童生徒の支援

4 外国人の支援ボランティアを通じてどんなことが学べると思いますか。

みなさんにとってボランティアとは「人を助けること」というイメージが強いかもしれませんが，ボランティアをするとき，一方的に相手に「何かをしてあげる」のではなく，相手の視点に立って支援を考え，行動していくこと大切です。Chapter 9 では日本で生活するさまざまな外国人支援のボランティアについて考えていきます。

ボランティア活動は，相手のある活動です。いったん支援活動を始めたら，責任をもって臨みましょう。連絡せずにいなくなってしまうと，あなたを活動に迎え入れてくれた運営スタッフ，そして何よりもみなさんと話すことを楽しみにしていた参加者を落胆させてしまいます。共に暮らす隣人として自分に何ができるのか考えて，積極的に行動しましょう。

活動 A：留学生支援ボランティア

大学や専門学校，日本語学校では多くの留学生たちが学んでいます。かれらは日本に来て，新しい環境で暮らし，日本語を習得しつつ専門の内容を学んでいます。馴染みのない環境でスムーズに事が運ばないことが多いはずです。以下，生活面，学習面でボランティアについて考えましょう。

1) 生活支援　　　来日すると，役所で在留カードの発給や健康保険加入，銀行口座開設，携帯電話の契約などさまざまな手続きがあり，書類への記入や複雑なシステムの説明に，困惑することも多いでしょう。また，病気の際，病院の情報や付き添いが必要な場合もあります。みなさんも，社会の仕組みを学びながら，留  学生の隣人として生活面で何を支援できるか考えてみましょう。
留学生のなかには大学や学校がおこなっている留学生支援の情報を知らない場合もあります。留学生と関係部署（国際交流課など関連部署，クリニック，学生相談室など）とつなぐことも大切な役割です。

2) 日本語授業ボランティア　　　留学生の多くが日本語の授業を履修しています。日本語の授業にボランティアとして参加し，会話練習やディスカッションに参加して，留学生と共に語り合い，交流を深めるとよいでしょう。留学生のなかには日本人学生との交流がほとんどなく，留学生同士の関係しかない場合もあります。授業ボランティアをきっかけとして，教室外でも留学生と話す時間をつくりましょう。留学生の目をとおして日本社会や文化をとらえ，自文化を相対化する機会になるでしょうし，かれらの学問的関心に触れ，視野も広がるはずです。

　3）個別の学習支援　　　　日本語能力のみならず，授業や討論のスタイル，レポートの形式，図書館などでの情報アクセスの方法など，戸惑うことが多くあり，個別の支援が必要な学生もいます。また，大学や大学院のレポート，研究論文の日本語に不安を抱え，支援を必要としている留学生も少なくありません。一緒に問題について話し合い，解決方法を探り，行動しましょう。留意点として，長文のライティングチェックなどの学習支援はかなりの時間を必要とします。せっかく引き受けても，途中で負担に感じることもあるかもしれません。そんなとき，何も言わずに音信不通になるのは好ましくありません。自分ができること，できないことをしっかりと伝えること，相手とコミュニケーションをとることが大切です。

　4）ボランティア活動の記録　　　　ボランティアを実施したらワークシート 9-3（☞ p.89）のシートに記録しましょう。

✎ ワークシート 9-1【大学でおこなわれているボランティアプログラムを調べよう】

多くの大学において，留学生や外国人とかかわるボランティア活動がおこなわれています。まずは，あなたの所属大学・学校で以下のリストのような活動があるかどうか調べてみましょう。

▶ボランティア活動チェックリスト

	ボランティア活動（例）	活動内容（例）
学内の留学生支援	□新入生サポート	キャンパス案内，来日初期の諸手続きの補助
	□交流ラウンジ／イベント運営	日本語，多言語での交流ラウンジイベント企画・運営
	□留学生のバディー（buddy）	留学生と 1 対 1，あるいはグループで交流
	□日本語学習のサポート	日本語教室ボランティア，個別の日本語学習支援
	□留学生スピーチコンテストのサポート	留学生のスピーチ原稿のアドバイス・スピーチ練習のサポート
	□日本語ライティングサポート	レポート・論文作成の支援
	□通訳ボランティア	英語，多言語での通訳が必要なイベントを支援
	（　　　　　　　　　　　）	（　　　　　　　　　　　　　　　　　　　）
学外連携	□日本語学校訪問と交流	日本語学校で学ぶ留学生との交流，ディスカッション
	□地域の日本語教室，国際交流サロンと連携した活動	地域の日本語教室と連携したボランティア活動（みなさんが個人で地域の日本語教室に参加することもできます（☞ 活動 B「地域の日本語教室への参加方法」(p.83)）。
	□学校へのボランティア派遣	教員が近隣の小中学校に外国人の子どものためのボランティアを組織・派遣している場合があります（☞「学校でのボランティア」(p.88)）。
	□学校・教育委員会が募集するボランティア	近隣の学校や教育委員会が学生ボランティアを募集している場合があります。（☞「学校でのボランティア」(p.88)）。
	（　　　　　　　　　　　）	（　　　　　　　　　　　　　　　　　　　）

※上記のリストの活動があなたの大学・学校でおこなわれていない場合もあるでしょう。あなたが留学生や外国人との交流・支援の活動として「やってみたい」と思う企画があれば，大学・学校のボランティア関連，あるいは国際交流関連の部署に行って相談してみましょう。

※次頁につづきます

9

✎ワークシート 9-1【大学でおこなわれているボランティアプログラムを調べよう】（つづき）

▶参加学生の体験談を聞く

あなたが興味をもった活動を一つ選び，参加した学生に話を聞いてみましょう。

①活動の名称：_____

②活動内容：_____

_____

③失敗したこと：_____

_____

④学んだこと：_____

_____

⑤ボランティア活動とほかの活動との調整：_____

_____

⑥その他・知りたいこと：_____

_____

_____

_____

✎ **Memo**

活動 B：地域の日本語教室でのボランティア

‖‖

　2018 年時点で，日本で働く外国人は 146 万人おり，今後も増えつづけていくでしょう。高度人材として職業資格の査証の人もいれば，定住者・永住者という身分資格の査証の人もいます。また，「技能実習生」や資格外活動としてアルバイトをする留学生も含みます。このなかでも，日本に生活拠点を置き，市民生活を送っている人は「生活者としての外国人」と呼ばれます。かれらのなかには日本語を学習することを主目的としてきた留学生，企業の派遣で日本語を学ぶことができる環境をもった人びととは異なり，日本語を日本語学校で学びたくても学べない人びとが多く含まれています。地域の支援ボランティア教室は，こうした人びとが日本語を学んだり，地域の暮らしを知ったりする場として，大きな役割を果たしています。

　みなさんが地域の日本語教室にボランティアとして参加する際，そうした日本で暮らす外国人の在留資格の違い，社会の外国人受け入れの現状，課題を知ることになるでしょう。外国人住民支援，あるいは多文化共生を目的とするボランティア団体や NPO 団体は，地域の行政と連携しながら子どもの支援活動を活発に展開しています。そこには，外国人住民やその子どもたちを，地域産業や次世代の担い手，共に社会をつくる社会構成員とする考え方もみられます。

　1）地域の日本語教室への参加方法　　　地域の支援ボランティア教室の場合は，常時ボランティアメンバーを募集しているところが多いので，きちんと目的を伝えれば，多くの場合は歓迎されます。インターネットで調べたり，市役所，公民館などで情報を集めたりして連絡をとるとよいでしょう。地域の日本語教室のボランティアの内容は，団体によって違いますので，参加前に情報を集めるとともに，教室を見学させてもらい，運営するスタッフに話を聞いてみましょう。

〈事前の情報収集のチェックポイント〉

□地域の外国人支援のネットワークがどうなっているか

□ボランティア団体の目的や基本的な考え方

□教室の場所・時間・頻度　　　□活動形態（1 対 1，1 対数人など）

□活動内容　　　□参加している外国人の情報

□ボランティア団体での守るべきルール　　　□その他質問

9

　2）地域の生活者のための日本語ボランティアの意味　　　地域の日本語教室の活動でみなさんはどのようなボランティア活動をしたいと考えていますか。教室運営者の話や，参観をとおして，教室に参加している外国人の背景，在留資格などを理解したうえで，自分にとっての「ボランティアの意味，目的」を考えてみましょう。

◈ ワークシート 9-2【ボランティアの意味・目的を考えよう】

▶私にとっての地域日本語教室でのボランティアの意味・目的

_____

_____

_____

_____

▶参加する外国人の方にとっての支援教室の意味

_____

_____

_____

_____

_____

3）多文化共生のための「やさしい日本語」の使用　　　　地域で共に暮らす外国人が，生活する
うえで必要な情報を得られることはとても重要です。「やさしい日本語」とは，一般に私たち
が使っている日本語よりも簡単で，外国人が理解しやすい日本語を指します。阪神淡路大震災
で，外国人が日本語の問題で十分な情報を得ることができない事態が発生したことをきっかけ
に，災害時の情報共有の手段として「やさしい日本語」の活用が自治体を中心に広がり，現在
ではさまざまな形で外国人への情報提供に用いられています。相
手に合わせた日本語を用いて交流するスキルを身につけることは，
みなさんが相互理解，多文化共生社会をつくっていくためにもとて
も重要です。ぜひ自分の日本語を意識して「やさしい日本語」で話
し，視覚的な方法を用いる，情報を簡潔にまとめる，相手の理解を
確認しながら区切って伝えるなど，伝え方を工夫してください。

4）ボランティア仲間と共に学ぶ　　　　地域の支援教室でのボランティア活動は，みなさん
にとっても多様な社会人・価値観に接する機会になります。地域の支援教室には，定年退職
後に活動を始めた人や，海外生活をしてきた人，関連の研究をしている人など，多様な人び

とが集まってきます。当然ですが，年齢のみならず，価値観も，社会的な経験も異なります。みなさん自身にとっても社会を知る機会として，支援者の方と積極的にコミュニケーションをとって関係を構築し，支援教室の運営にも貢献してください。また，地域の支援教室は，各教室で支援活動の目的や方針，運営体制が異なります。活動開始後，自分の考え方とは合わないと思ったら，教室運営者（代表）にきちんと考えを伝えましょう。なんとなく参加をやめるのは相手には失礼ですし，自分にとっても「良い経験」にはなりません。

　5）ボランティア養成の研修会に参加する　　　ボランティア・NPO 団体のなかには，支援活動をする人材を養成するために，研修を実施しているところがあります。たいていは，無料，あるいは低額の参加費で受講できます。研修受講を参加条件とする団体もあります。内容は文化的差異により生じる適応上の困難とその理解，日本語学習支援の具体的な方法，保護者・学校との連携の仕方などです。その地域に居住する外国人住民の状況や子どもたちの数，研修を実施するボランティア団体・NPO 団体の紹介，その他の地域の支援活動に関する情報なども提供されます。大学の授業では得られない情報を得ることのできる機会です。積極的に参加して，ボランティア活動を始める前に理解を深めましょう。

　6）ボランティア活動の記録　　　日本語教室でのボランティアを実施したらワークシート9-3（☞ p.89）のシートに記録しましょう。

✍ **Memo**

9

活動C：外国人児童生徒の日本語・学習支援

　「生活者としての外国人」の家庭には子どもたちがいます。子どもたちが通う学校では，生活面の適応や日本語の指導の必要性が高まっています。文部科学省の調査（2016年度）によれば，公立学校（小・中・高，中等学校，特別支援学校）に約4万5千人の日本語指導が必要な児童生徒（日本国籍を含む）が存在し，全公立学校の約4分の1に在籍しているそうです。しかし，現段階では，外国人児童生徒教育は制度的には十分に整ってはいません。日本語指導や外国人児童生徒教育の専門性をもつ教員はわずかしかおらず，各自治体の教育委員会が子どもの母語が理解できる人材や日本語指導ができる人材を時間単位で派遣したり，学校が独自のルートでボランティアを確保したりして対応しています。それでも多くの場合，学校での指導は週に数回が精一杯という状況です。

　学校での対応を補っているのが，地域のボランティア団体やNPO団体の支援活動です。日本語学習支援，教科学習支援，受験のための支援，就学前の幼児対象の支援などがおこなわれています。複言語・複文化の考え方で，母語保持・維持支援をおこなう団体もあります。また，子どもの教育に関連して，外国人保護者のための支援も展開されています。

▷地域の日本語教室での外国児童生徒の支援

　子どもを対象にした地域の日本語教室でボランティア活動について考えてみます。ボランティアをしている鈴木さんの悩みを読んで，支援活動について話し合いましょう。

◈ ワークシート9-2【日本語教室でのボランティア活動について話し合いましょう】

〈鈴木さんの悩み（子どもを対象とした地域の日本語教室で）〉
ボランティアを始めて3か月。現在は，中国から来た7歳のA君に，日本語学習の支援をおこなっている。毎回，50音のひらがなテストをしているが，3か月たっても，全部は覚えていない。間違った文字は，繰り返し書く練習をさせ，文字カード取りやディクテーションをさせているが，ほかの子とふざけて走り回ったりして，集中しない。
隣のテーブルからは笑い声が聞こえてくる。ボランティアの田中さんが，子どもに「学校はどう？」「友だちは？」などと話しかけ，楽しそうにおしゃべりをしている。ほかの子どもたちは，教科のワークを学んでおり，日本語の学習はしていない。
私は，A君の日本語ができるようにと思って，文字の読み書きや文法を学ばせているけれど，今の方法でよいのか不安だ。それに，この教室では教科学習のサポートが中心で，もし，教科支援をするように言われたら辞めようかなあと思う。日本語支援に興味があって活動を始めたのだから。

※次頁につづきます

▶問　　い

①鈴木さんの子どもに対する文字の教え方についてどう思いますか。
②ベテランの田中さんは，なぜ，このような形で子どもと接しているのでしょうか。
③地域の日本語教室で教科学習の支援をおこなっているのは，なぜだと思いますか。

▷外国人児童生徒の支援のポイント

　1)「居場所」の仲間になる　　　外国人児童生徒の多くが，親の仕事などの都合で出身国・地域などから日本に来ています。この文化間移動によって，慣れ親しんだ環境を離れ，友達とも別れ，言語文化の異なる日本での生活を始めるわけですから，その不安と戸惑いは計り知れません。子どもたちにとって教室は，話を聞いてくれる大人がいて，ありのままの自分を受け入れてくれる居場所なのです。田中さんが子どもと積極的におしゃべりをするのには，そうした意味があるのです。まず，子どもたちが心を開き，のびのびと行動できる空間と関係をつくるよう心がけましょう。

　2) 日本語を生活や興味・関心に関連づける　　　年齢によって，言語習得の仕方は異なります。みなさんが中学校で学んだ英語教育の方法は，小学校の低学年の子どもたちには合いません。かれらは，体験しながら「ことば」とその「意味」を一緒に獲得していきます。鈴木さんがおこなったような，「同じことを繰り返す単なるドリル」だけでなく，「意味のあるコミュニケーション活動」をとおして学べるようにしましょう。たとえば，ひらがなを教える際は，子どもたちの写真と名前を組み合わせたり，低学年向けの動物図鑑を見ながら文字探しをしたりします。また，子どもの生活や，興味・関心を把握し「友達の名前は？」「好きなお菓子は？」「何をして遊ぶ？」と問いかけながら，語彙の文字カードを取る活動などをおこなってみましょう。

　3) 子どもの実態に応じて支援をする　　　子どもたちの日本語の力や学力，家庭の状況，友人関係は一人ひとり異なります。経験や学習してきたことも違います。支援者は，教室の目的・方針にもとづきつつ，子どもたちの困難や，日々の成長・発達をその場でとらえて対応しています。鈴木さんの教室でも，子どもの状況に応じて支援内容を決定していると考えられます。具体的な内容は，教室運営者の指示がある場合もありますが，自分で判断することも少なくないでしょう。支援内容・方法に不安を感じたら，先輩ボランティアの支援の仕方から学んだり，相談したりしましょう。それぞれの子どもは何ができるのか，今，どんな学習や支援が必要かを考え，「教えたいこと」ではなく，「この子どもが，私と一緒に学べること」を探って，支援をしましょう。

9

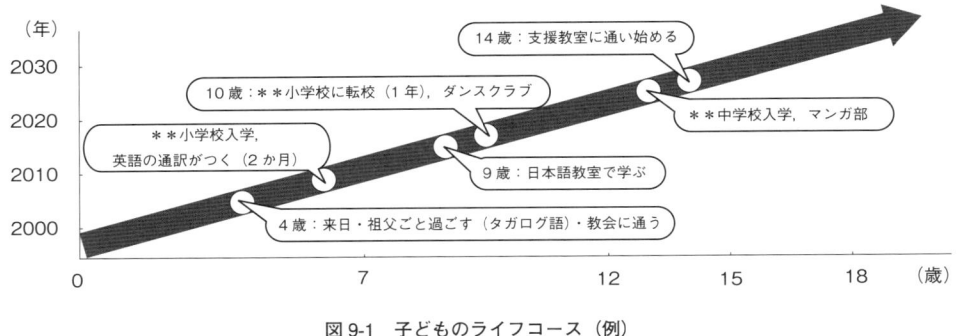

図9-1　子どものライフコース（例）

4）将来を一緒に考える　　日本人の大人と接する機会が少ない外国人の子どもたちにとって，年齢も経験も異なる支援者の人びとと接することが日本社会を直接知る機会になります。みなさんは，子どもたちが自分の将来像を描くうえでのロールモデルです。小・中・高校時代の経験や，大学生活，ボランティアに参加した理由，これからの人生設計，夢などを語って聞かせてください。そして，「将来どんな大人になりたいのか，どんな仕事をしたいのか，どんな暮らしをしたいのか」をぜひ話題にし，それを実現するための道筋を一緒に考えましょう。子どもたちは，学ぶことの意味を見出せれば，主体的な学習者になれます。

　鈴木さんの教室では，中学生には教科学習の支援をしていますが，義務教育を終える中学3年時には進路選択の問題があります。子どもたちのライフコースの大きな節目です。多くの教室で，子どもたちが自分の将来を選択して社会参画できるように，高校・大学進学や就職に必要な知識・技能を高めるための支援もしています。

　時間があれば，支援している子どものライフコースを，一緒に描いてみましょう。どこで生まれ，何歳で日本に来たのか。これまでどんな経験をし，これからどんな人生を歩んでいきたいのか。見える形で表現して，これまでの経験や学習を生かしながら，「今」何を学ぶことが，子どもたちが明日を切り拓くうえで大事なのかを意識しましょう。さらにあなた自身のライフコースを描いてみることで，このボランティアをする意味を再確認できるでしょう（図9-1）。

▷学校でのボランティア

　地域の教室のほか，学校でのボランティア活動も検討してみましょう。ただし，学生個人が，飛び込みでボランティアの申し出をしても受け入れてもらえません。教育委員会や学校が，面接や履歴書などで適任かどうかを判断しますし，大学や指導教員からの依頼状が必要になる場合もあります。外国人児童生徒教育や支援に携わっている教員に相談したり，学生課やボランティアセンターを通じて，ボランティアを募集している学校を調べたりしてみましょう。また，学校でボランティア活動をしている友人・先輩がいれば，紹介してもらってもよいでしょう。支援の仕方も，学校によって大きく異なります。管理職や外国人児童生徒

教育担当の先生，学級担任など，直接支援活動でお世話になる先生方に，相談しながら進めてください。また，必ず支援記録を書き，先生方に支援内容・子どもの様子を報告してください。

✎ **ワークシート 9-3【ボランティア活動を振り返って，学びを可視化しよう】**

ボランティア活動による学びを可視化するためには，体験の記録と振り返りがとても重要になります。以下のシートを用いて記録をつけ，振り返りましょう。

ボランティアの名称：_____

活動内容：_____

場　　所：_____

頻　　度：_____

活動時間：_____／週

私にとってのボランティアの意味：_____

_____

_____

日　付	活動内容	相手の様子で気づいた点	次回に生かしたい点

9

 # ブックリスト

　Chapter 9 のテーマや活動の意義をより深く理解するための書籍を紹介します。

◎活動 A・B 共通：留学生支援，地域日本語教室ボランティア

①西條剛央（2012）．『人を助けるすんごい仕組み──ボランティア経験のない僕が，日本最大級の支援組織をどうつくったのか』ダイヤモンド社

　東日本大震災後に展開された最大級のボランティア「ふんばろう東日本支援プロジェクト」を立ち上げた著者が，組織論，マネージメント論などの立場から，その活動を振り返った書籍で，ボランティア活動の分析視点を得ることができます。

②御舘久里恵・仙田武司・中河和子・吉田聖子・米勢治子（2010）．『にほんごボランティア手帖──外国人と対話しよう！』凡人社

　本書は外国人住民のために開かれている地域のボランティア支援教室について，運営の状況と活動内容の例が具体的に示されています。日本語学習者への話しかけ方や留意点などが具体的に提示されており，実際にボランティア活動を始めるときに役に立ちます。

③庵　功雄（2016）．『やさしい日本語──多文化共生社会へ』岩波書店

　本書は，地域の共通言語としての「やさしい日本語」の重要性を理解するうえで役立ちます。自分の日本語の使い方を振り返るために，そして外国人の立場に立った言語使用をしていくために参考になります。

◎活動 C：外国人児童生徒の日本語・学習支援

①齋藤ひろみ［編著］（2011）．『外国人児童生徒のための支援ガイドブック──子どもたちのライフコースによりそって』凡人社

　本書は 5 人の外国人の子どものケースに関し，子どもたちの成長・発達，家族との関係，日本語の習得，学校での学習などの状況と教員や支援者の取り組みが描かれています。問題解決のための視点や支援方法について，具体的なアイディアが得られます。

②荒牧重人・榎井　縁・江原裕美・小島祥美・志水宏吉・南野奈津子・宮島　喬・山野良一［編］（2017）．『外国人の子ども白書──権利・貧困・教育・文化・国籍と共生の視点から』明石書店

　国内で暮らす外国人の子どものたちの生活・学習・進路について，教育や支援活動に携わっている学校関係者やボランティアなどの支援者がみた現状が報告されています。また，社会学，教育学，言語教育，法律関係の専門家らにより問題が指摘されており，外国人の子どもの受け入れにかかわる社会的問題を多角的に把握することができます。

応用調査

　Chapter 9 では，ボランティア活動の経験を進めてきましたが，ボランティア活動をおこなっている現場を研究フィールドとして，レポートや卒業論文に取り組んでみましょう。

◎活動 A：「留学生支援ボランティア」の発展調査例

　大学で学ぶ留学生といっても，学部留学生，日本語を学ぶことを主目的として来日する短期の学生，英語で専門科目を学ぶプログラムに所属する交換留学生や英語学位生，大学院で研究活動をおこなっている留学生などがおり，さまざまな背景，学習目的をもっています。かれらが日本での留学中にどのような点で困難を感じているのか，そして自分のボランティア活動がどのように受け止められているのかを調査し，その結果をボランティアのコミュニティで共有することは，ボランティア活動の内容や方法を吟味し，留学生の支援の内容や方法に貢献するものになるでしょう。

◎活動 B：「地域の日本語教室でのボランティア」の発展調査例

　地域の日本語教室にはさまざまな背景をもったボランティアが参加していますので，お話を聞いてみましょう。何をきっかけに外国人の支援に関心をもち，なぜその団体を選び，多様な言語文化背景をもつ人びとの存在やその社会参加について何を感じ，考えているのか，グローバル化する今日，ダイバーシティを実現するために，ボランティア活動などの市民活動がどのような機能を果たしうるのかといった関心から，ボランティアの方々の語りを分析することにも研究としての価値があります。

◎活動 C：「外国人児童生徒の日本語・学習支援」の発展調査例

①ボランティアの記録分析

　ボランティアで支援した子どもたちの学習状況の記録を丁寧につけましょう。どのようなときに何が理解できなかったのか，コミュニケーションが滞ったのか，活動参加が難しかったのかなど，周囲の人びととの関係なども含めて，気づいた点を記録しましょう。そうした観察から，外国人の子どもの学習上の困難を多面的に把握することができるでしょう。その結果は，教育や支援の内容・方法に貢献するものになるでしょう。

②学校の支援体制の分析

　もし学校のなかで外国人児童生徒の学習支援をおこなう場合は，学校側の支援体制について考察するとよいでしょう。外国人の子どもに，どのような立場の人が，いつどのように教育・支援をおこなっているのでしょうか（校長，副校長，在籍学級の担任，日本語学級の担当教員，通訳など）。さまざまな立場の人びとのかかわり方を知ることで，学校全体の支援体制をより深く理解することができます。こうした調査は学校教育における外国人児童生徒教育の位置づけや，新たな教育課題に対する学校の組織化の原理を探求することにもなるでしょう。

9

Chapter 10

行けそうな気がする

【問　　い】

❶ Chapter 1 から Chapter 9 までを振り返りましょう。日本国内で外国の人たち
と一緒に実際にやってみたことは何ですか？

❷ 次に，外国に行って現地の人たちと共におこなってみたいことはどんなことで
すか。本書の活動の経験を生かして，考えてみましょう。

◆**海外に行く計画を立てる**

　本書をここまで読み，活動に参加したみなさんは，多文化体験学習，国際交流，協働学習のおもしろさ，大切さを十分に理解したことと思います。こうした経験は，みなさんが海外で生活したり，学んだり，ボランティアやインターン活動に参加したり，働いたりする際に，自分と異なる背景をもった人びととどのように協力していくのかを考え，行動するうえで，大いに役立つはずです。Chapter 10 では，これから海外に出ていくかもしれないみなさんが，本書の経験を振り返りながら，海外でどのように生かしたらよいのか，二つの活動を通じて検討していきます。

　活動 A では海外体験ツアーにはどのようなものがあるのか比較し，プログラムの活動に本書のChapter 1–9 で学んだテーマや活動がどのように含まれているのか分析し，それぞれのプログラムの狙いや特色を理解しましょう。

　さらに活動 B では，自分で海外体験ツアーを企画してみましょう。本書のテーマや活動を組み込むとしたら，みなさんはどのようなツアーをつくりますか。そこにはどのような学びが期待できますか。クラスメートや友人，家族と一緒に話し合ってみましょう。

活動 A：海外体験プログラムを比べて，評価する

　みなさんが短期間（約 1 週間から 1 か月間）海外に行くとしたら，どこに行きますか。何をしたいですか。ここでは語学留学ではなく，現地での体験を重視したプログラムについて考えていきましょう。みなさんの大学や学校が実施している海外体験プログラム，NPO や旅行会社が企画する体験ツアー，ボランティアツアー，スタディツアーなどの情報を集めましょう。

　1）情報を集めて比較する　　まず，観光旅行，留学プログラム，海外スタディツアー，海外ボランティアなどのパンフレットやチラシ，ネット上に掲載されている企画の情報を集めましょう。そして，大手旅行代理店が企画する一般的な観光旅行，専門的な旅行代理店やNPO などが企画するボランティアツアーやスタディツアー，大学が企画している海外研修など，それぞれ異なる目的をもって旅が企画されていることを，具体的に理解しましょう。

　2）話し合う　　それぞれの旅のスタイルの特徴，その旅で得られるもの，体験できることや学習効果について話し合いましょう。想定している参加者，期間や金額についても比較して検討してみましょう。

　3）参加することを仮定してツアーを選ぶ　　集めたパンフレットや情報をもとにして，仮にあなたが海外に行くとしたら，どのようなスタイルのツアーに参加したいか，行きたい場所はどこか，期間はどれくらいかなどを話し合いましょう。また，Chapter 9 までに，日本国内で外国の人と一緒に体験したことを思い出しながら，外国でしてみたいことを実現でき

るツアーがあるか考えてみましょう。

✎ ワークシート 10-1【外国でのツアープログラム】

それぞれのプログラムに該当するものにチェックを入れ，比較するとともにそれぞれの意義や必要性を考察してみましょう。

種　類／活　動	観光旅行の パンフレット 大手旅行代理店	ボランティアや スタディツアー 専門的な 旅行代理店・NPO	所属機関の 海外研修 所属大学／学校	自主企画 (☞本章活動 B) あなたの企画
食 べ る				
遊　　ぶ				
見る（観る）				
買　　う				
話を聞く				
伝える／伝え合う				
学ぶ／学び合う				
教える／教え合う				
話す／話し合う				
感動・共感する				
一緒に活動する				
探訪する				
現地のよさを伝える				
つくる・体験する				
働く，手伝う				
みんなで振り返る				
発表する				
（　　　　）				

①選んだプログラム：＿＿＿＿＿＿＿＿＿＿＿＿＿＿＿＿＿＿＿＿＿＿＿＿＿

②意　義：＿＿＿＿＿＿＿＿＿＿＿＿＿＿＿＿＿＿＿＿＿＿＿＿＿＿＿＿＿＿

＿＿＿＿＿＿＿＿＿＿＿＿＿＿＿＿＿＿＿＿＿＿＿＿＿＿＿＿＿＿＿＿＿＿＿

＿＿＿＿＿＿＿＿＿＿＿＿＿＿＿＿＿＿＿＿＿＿＿＿＿＿＿＿＿＿＿＿＿＿＿

＿＿＿＿＿＿＿＿＿＿＿＿＿＿＿＿＿＿＿＿＿＿＿＿＿＿＿＿＿＿＿＿＿＿＿

※関連する Chapter をもう一度振り返りましょう。

10

活動 B：学びの旅を自分たちで企画してみよう

活動 B ではみなさん自身が海外ツアーを企画してみましょう。

　1）したいことを考える　　　日本で外国の人と一緒に体験したことを踏まえて，外国でしてみたいことを考えましょう。たとえば，その地域の自然や文化の観光，ホームステイや現地の大人や子どもとの交流，平和や戦争，貧困や多文化にかかわる地域への訪問，調査などが考えられるでしょう。

　2）実現するための方法を考える　　　1）であげたことを実現するためには，旅に出る前にどのようなことをしなければならないか，検討してみましょう。たとえば，現地に関する観光ガイドブックを購入する，現地情報・現地社会に関する著書や論文を読む，現地で滞在するためのコーディネーター，NGO などとつながる，あるいはもちろんパスポートを取得する，ビザを取得する，チケットを購入することなども含まれるでしょう。

◉コラム 4　体験の言語化のポイント

　1）体験を通じて感じた違和感を書き出してみる　　　異文化に接すると，人は自然と違和感をもちます。その場面をよく思い出してみてください。

　2）列挙した違和感のなかで一つを選び，どうして違和感をもったのかを考える　　　たとえば，一緒に行動していたインドネシア人の友人に左手で物を渡したら拒否されたことに違和感をもったとしましょう。そのとき，まずは「あなたが」なぜそれに違和感をもったのかを振り返って，どのような気持ちになったのかを言葉にしてみましょう。ここで自分が前提としている固定観念に気づくかもしれません。

　3）社会的背景と結びつける　　　どうして左手で物を渡したら拒否されたのだろうと考えてみると，それは何らかの社会的背景と結びついている可能性があります。まずは自分で理由を考えてみてください。インドネシアでは「左手は不浄の手」だとされています。これはイスラームの教えによるものだという説があります。こういった事情を知ると，なぜ拒否されたのかがわかります。その一方で，この点に違和感をもったということは，あなた自身が宗教的な慣習に疎かったということもわかります。こういった些細なことからトラブルに発展してしまうこともあるかもしれません。

　このようにごく些細な違和感から，自分がいかに宗教的な習慣に疎いかがわかると同時に，自分のもっている常識を相対化できるでしょう。一方，個人的な経験が何らかの社会的なものに影響を受けていることもわかります。これを糸口に相手の社会や文化，慣習への探求が始まるかもしれません。

（2018 年 12 月「大学教育における海外体験学習研究会」年次大会から）

　3）日数，場所，経費，参加者，目的も含めてスケジュールを仮に組んでみよう　　　どんな旅にも目的があります。それを明確にしておきましょう。それに応じて，場所や日数，経費も異なってきます。当然ですが目的に応じて参加者も決まってきます。

✎ワークシート 10-2【旅のスケジュールを組んでみよう】

▶訪問地

_____

▶したいこととその意義

①したいこと：_____

　意　　義：_____

　_____

　_____

②したいこと：_____

　意　　義：_____

　_____

　_____

③したいこと：_____

　意　　義：_____

　_____

　_____

▶日数・費用・参加者

日　　数：_____　　費　　用：_____

参加者：_____

▶日　　程

次頁に書き込み用の表があります。そちらを使用してください。

※次頁につづきます

10

✎ワークシート 10-2【旅のスケジュールを組んでみよう】（つづき）

	予　定	宿　泊　地
1日目		
2日目		
3日目		
4日目		
5日目		
6日目		
7日目		

　4）体験を振り返って言語化する（本書の全 Chapter 共通）　　　　多文化体験学習のよさは，自ら外国の人びとと直接交流することによって，読書では経験できない異文化を体感し，自分たちの住む社会や文化を相対的にみられるようになることにあります。しかし，この経験を振り返って言葉にしておかなければ，ただ「楽しかった」と感じるだけで終わってしまいます。かといって，感想を書けばそれでよいかというと，それでもまだ物足りなさが残ります。体験を言葉にして学びを深めるには，ちょっとした工夫が必要です。コラム4では，体験の言語化のポイントをあげますので，ぜひ試してみてください。また，言語以外の方法で表現する方法も試してみましょう（コラム5）。

◉コラム5　体験をコラージュで伝えてみよう

　体験を言語化しようとすると，ある程度の文章力が求められます。体験の可視化を言語に限定するのではなく，視覚的情報を用いて自己の感じたことを表現することで新しい可能性がみえてきます。ここでは，雑誌やチラシ，学生が現地で撮影した写真などからパーツを切り取って貼りつける「コラージュ」を紹介します。これによって学生自身が異文化での体験をアート「作品」として表現し，仲間と共有し，振り返ることができます。

　1)「日本」をテーマにつくる　　　外国の人が日本らしさを感じる写真（和食，着物，アニメ，お辞儀，通勤ラッシュ，風景など）と自分がすすめたい日本らしさを伝える写真を集め，相談しながら1枚の紙（B4サイズ程度）に切り貼りしながら，「日本」をテーマにしたコラージュ作品をつくりましょう。最初に別々に作品をつくって比較したり説明をし合ったりしてもよいでしょう。テーマを「日本」から「東京」「大阪」など大きな街や，地域に絞ることもできます。

　2)「外国」をテーマにつくる　　　行ってみたい国や外国人の友達の出身国などをテーマにして，コラージュ作品をつくってみましょう。行きたい国のイメージや調べてわかったことをもとに，その国を表現するための写真素材を集めて切り貼りして作品にし，完成したら発表し合いましょう。

・フリーペーパーや旅行パンフレットなどを活用すると無料できれいな写真を入手できる。
・PCやスマートフォンにある写真データを1枚ずつプリントすると費用がかかる場合は，コラージュを作成できるアプリで大まかに使いたい部分を選別して，プリントしてから切ると費用を抑えることができる。
・コラージュアプリで作成することも可能だが，実際にはさみで切り取ることで味わいが出て，紙の上で貼る場所やデザインを友達と一緒に話しながら考えることでお互いの理解も深まる。
・完成したら説明し合う前に，貼る場所，構図，パーツの大きさ，色使いなど，つくり手の考えを読むとおもしろい。

　　　　　（2018年12月「大学教育における海外体験学習研究会」年次大会ワークショップから）

10

テーマをより深く理解するための
ブックリスト

　Chapter 10 のテーマや活動の意義をより深く理解するための書籍を紹介します。クラスのレポートや卒業論文のテーマとしても参考になるでしょう。

◎活動 A：海外体験プログラムを比べて，評価する

①山口　誠（2010）．『ニッポンの海外旅行──若者と観光メディアの 50 年史』筑摩書房

　日本の海外旅行や若者の海外志向について，その歴史的な経緯をもとに，簡潔にまとめています。一般的な観光旅行から，バックパッカースタイルの若者の旅行まで，旅の目的の多様化についても学ぶことができます。

②地球の歩き方編集室［編］（2008）．『1 週間からできる海外ボランティアの旅──はじめてでもできる！　本当の自分が見つかる感動体験』ダイヤモンド・ビッグ社

　バックパッカーの若者の「バイブル」ともいわれた「地球の歩き方」ですが，その出版社が編集に携わった「ボランティアの旅」の企画書および紹介書です。バックパッカーという個人旅行とは違った若者の社会貢献意識の高まりにマッチングさせようとした「ツアー」です。ボランティアの旅には現地の NGO の存在も大きいことがわかります。

◎活動 B：学びの旅を自分たちで企画してみよう

①子島　進・藤原孝章［編］（2017）．『大学における海外体験学習への挑戦』ナカニシヤ出版
②村田晶子［編］（2018）．『大学における多文化体験学習への挑戦──国内と海外を結ぶ体験的学びの可視化を支援する』ナカニシヤ出版

　学びの旅（スタディツアー）を企画したり，参加したりするための参考書です。実際の事例が豊富です。フィールドワークやフィールドトリップを学びの視点からとらえたらどうなるか。参加した人たちにどんな学びがうまれるのか，どう変わったのかなど，大学の授業科目になってきたことの意義や理由，内容，評価について参考になります。

◉編者一覧（主担当者の章番号は太字）

村田　晶子＊（むらた　あきこ）
法政大学教授
専門：教育人類学，留学生教育
担当 Chapter：**1**, 3, 5, 6, 8, 9

中山　京子＊（なかやま　きょうこ）
帝京大学教授
専門：国際理解教育，社会科教育
担当 Chapter：1, **3**, 10

藤原　孝章＊（ふじわら　たかあき）
同志社女子大学特任教授
専門：社会科教育，国際理解教育
担当 Chapter：2, 4, **10**

森茂　岳雄＊（もりも　たけお）
中央大学教授
専門：多文化教育，国際理解教育
担当 Chapter：**5**, 7

◉執筆者一覧（主担当者の章番号は太字）

風巻　浩（かざまき　ひろし）
首都大学東京特任教授
専門：社会科教育，国際理解教育
担当 Chapter：**2**

岡島　克樹（おかじま　かつき）
大阪大谷大学教授
専門：開発学，ジェンダー論
担当 Chapter：**4**

プレフューメ　裕子（プレフューメ　ゆうこ）
ベイラー大学現代言語文化学部上席講師
専門：教育学，日本語教育
担当 Chapter：**6**

箕曲　在弘（みのお　ありひろ）
東洋大学准教授
専門：文化人類学
担当 Chapter：**7**, 10

神吉　宇一（かみよし　ういち）
武蔵野大学准教授
専門：日本語教育学
担当 Chapter：**8**

齋藤　ひろみ（さいとう　ひろみ）
東京学芸大学教授
専門：日本語教育
担当 Chapter：**9**

指導者用マニュアルは以下の URL からダウンロードできます。

http://www.nakanishiya.co.jp/book/b455357.html

チャレンジ！
多文化体験ワークブック
国際理解と多文化共生のために

2019 年 6 月 30 日　初版第 1 刷発行 （定価はカヴァーに 表示してあります）

編　著　村田晶子
　　　　中山京子
　　　　藤原孝章
　　　　森茂岳雄
発行者　中西　良
発行所　株式会社ナカニシヤ出版
☎ 606-8161　京都市左京区一乗寺木ノ本町 15 番地
　　　　　　　　Telephone　　075-723-0111
　　　　　　　　Facsimile　　075-723-0095
　　　　Website　http://www.nakanishiya.co.jp/
　　　　E-mail　　iihon-ippai@nakanishiya.co.jp
　　　　　　　　郵便振替　01030-0-13128

装幀＝白沢　正／印刷・製本＝ファインワークス
Copyright © 2019 by A. Murata, K. Nakayama, T. Fujiwara & T. Morimo
Printed in Japan.
ISBN978-4-7795-1550-7